子どもも大人も絵本で育つ

湯澤美紀

柏書房

子どもも大人も絵本で育つ

目次

はじめに

いま、世のなかには、絵本があふれていますし、絵本のガイドブックもたくさんあります。

そこへもう1冊、ぜひこの本を送り出したいと思ったのは、いま、家庭や園などでよく選ばれている絵本が、子どもたちに「受ける」もの、その場が「盛り上がる」ものではあっても、「子どもの育ち」をしっかりと支えるものとは、必ずしも言えないことが多いと感じたからです。

赤ちゃんからはじまる「子どもの育ち」は、けっして、「すくすく」「まっすぐ」とばかりは言えない、「山あり谷あり」の物語です。昔なら、子育てちゅうの若いお母さんやお父さんの近くには、経験豊富なおばあちゃんや、ご近所さんなどがたくさんいて、「そういうときはね」と教えてくれたり、「大丈夫、大丈夫」と安心させてくれたりしたものですが、いまは、そんな助けはないのがふつうです。

たとえば、2歳児が突入する「イヤイヤ期」をご存じですか？　これは、とても大切な成長のステップですが、知らないとショックですし、対応のしかたがわからないと、知っていてもへこたれて当然。

絵本のなかには、「山あり谷あり」の子どもの育ちにしっかりと寄り添い、ついでに、読み聞かせる大人にもいろんな発見をさせてくれるような、すばらしい絵本があります。「たくさんあります」と言いたいところですが、残念ながら、毎年どんどん増える絵本に埋もれて、いいものは、ともすると隠れがちです。そこで、いいものを確実に見つけていただくために、このガイドブックを作ることにしました。

このガイドブックの特色は、赤ちゃんからの育ちの道筋を発達心理学の視点を織り交ぜながら示したうえで、絵本の専門家や保育や子育ての経験豊富な仲間たちと力を合わせ、「こんなときにはこんな絵本」と、より抜きのものばかりを提案させていただいたことです。

見出しを参考に、「いま、ぴったりな絵本」を見つけていただくのにも便利だと思いますし、通して読んでいただければ、子育て初体験のお父さんやお母さんにも、「へえ、子どもってそうなんだ。おもしろい」と思っていただけること、うけあいです。もちろん、園の先生方や、読み聞かせボランティアの方々にも、おおいに活用していただけると思います。

なお、ご紹介した絵本のなかには、品切れで書店に流通していないものがいくつかあります。それらは図書館や園ではまだまだ現役ですので、そちらでお借りください。きっと、絵本たちも、みなさんが手を伸ばしてくれるのを待ち望んでいると思います。

巻末には、「自然と科学」「季節と行事」に場面を分け、それぞれのシーンにぴったりの絵本も紹介しています。

子どもといっしょに、
大人もすてきな絵本でリフレッシュ。
ともに育つことの喜びを、
たっぷり味わってください。

赤ちゃん

お腹のなかでも聞こえてる

お母さんが、生まれてくる赤ちゃんのことをいろいろ想像しながら、誕生を心待ちにしているとき、赤ちゃんもお母さんのことを知ろうとしています。お腹のなかでは、外の物音はぼんやりとしか聞こえませんが、お母さんの声はよく聞こえるので、しっかりと記憶に刻まれます。

だから、生まれたばかりの赤ちゃんでも、お母さんの声とほかの女性の声を聞き分け、お母さんの声のほうに頭を動かすのです。おっぱいを飲みながら、いい気持ちで聞く、お母さんの声。これがお母さん。お母さんの声は、お腹のなかの記憶につながる、大切な音のメッセージです。

外の世界が見えてきた

生れてすぐの赤ちゃんの眼は、視線を合わせようとしても、合っているのか、いないのか、ちょっと頼りない感じがするもの。

生まれたての赤ちゃんの視力は、0・02ほど。くもりガラスをとおしてお母さんの顔がぼんやり見える程度です。眼をあやつる能力も、1カ月までは、まだまだ未熟。でも、お母さんの顔をちゃんと見ようとすることが、何よりのトレーニングになります。2カ月もすると、赤ちゃんは、お母さんの眼と口が作る三角形に視線を走らせて、顔をしっかり見ることができるようになります。そうなると、お母さんのほうでも、あっ眼が合った！と実感できはじめます。

大人の笑顔を引き出すための、赤ちゃん秘伝のプログラム

赤ちゃんの心が健やかに育つには、身近な大人との、笑顔いっぱいの温かなやりとりが不可欠。でも、そんなやりとりなんてできないわ、と思う新米お母さんも多いはず。しかし、心配はご無用。不思議なことに、赤ちゃんのなかには、大人の笑顔を引き出す特別なプログラムが埋めこまれているのです。

お腹がいっぱいで、いい気持ちのときに、赤ちゃんはうれしそうな笑顔を見せてくれます。これは「新生児微笑」と呼ばれ、じつは、顔の筋肉が勝手にぴくぴくと動いているだけの、単なる生理的現象。つまり、笑おうとしているわけではないのですが、それを見た大人は、赤ちゃんが笑ったと思いうれしくなって、笑いかけます。はじまりは誤解でも、それに助けられながら、赤ちゃんはまわりの大人の表情を学習し、3カ月もすると、自分の意思で笑いはじめます。

人見知りも大切なステップ

赤ちゃんは、生まれてすぐからお母さんとほかの人とを区別しますが、だれとでもおおらかにかかわります。いろんな人に笑顔を向けるし、だれに抱っこされても気にしません。しかし、半年もすると、急に、お母さんじゃなきゃ嫌、という自己主張がはじまります。いわゆる人見知りです。

食事のしたくのあいだ、お父さんに預けようとしても、断固拒否。お母さんは、赤ちゃんをあやしながら料理を作るという芸当をこなすはめにおちいります。一人でゆっくりお風呂に入るなどということは、かなわぬ夢……

しかし、この人見知りも、成長のしるし。人見知りをしている赤ちゃんの眼を見てみると、じっと相手の顔を見つめ、表情を読み取ろうとしているのがわかります。それは、興味が外に向きはじめた証拠です。外が気になりかけているからこそ、お母さんという安全基地に、根っこを伸ばす必要があるのです。その根っこを深く、太くして、赤ちゃんはいよいよ外の世界へと足を踏み出します。

9カ月革命

9カ月をすぎた赤ちゃんは、お母さんの視線を意識しはじめます。赤ちゃんがモビールを見ていると、窓から風がはいって、くるくる動きだしました。うれしくなって、お母さんを見つめ、また、モビールに眼を移します。まるで、「見て見て！」といっているみたいです。お母さんは赤ちゃんの視線を感じて、「きれいね」と声をかけ

ます。赤ちゃんもお母さんの視線を感じ、その言葉を聞きながら、もう一度モビールを見ます。

赤ちゃんは、動くモビールに「きれい」という言葉がぴったりなことを学びます。そして、いま、お母さんはうれしい気持ちなんだと推測します。お母さんと視線をともにし、おなじものを見つめられるようになること。これは、赤ちゃんにとって、言葉を学び、人の心を理解するための、革命的な一歩なのです。

赤ちゃんも十人十色

赤ちゃんは、すばらしい潜在能力や、人とのかかわりを引き出すプログラムを持って生まれてきます。しかし、個性そのものは十人十色。自己主張がはっきりしている赤ちゃんもいれば、控えめな赤ちゃんもいます。食いしん坊もいれば、食の細い赤ちゃんもいます。どんな個性も、持って生まれた才能です。そんな個性豊かな赤ちゃんを育てていくにあたって、大切にしたいのは、一人一人と向きあい、その子ならではの笑顔を、どしどし引き出していくこと。赤ちゃんの笑顔を引き出す絵本は、子育ての強い味方です。

あそんでほしい

赤ちゃん期は、山びこのように響き合う1対1のコミュニケーションが、とても大切な時期。生まれたばかりの赤ちゃんは、お母さんと一心同体で、身体の動きや表情が自然に重なり合っています。やがて次第にそのタイミングがずれてきて、赤ちゃんの働きかけに大人が応えるといったやりとりになってきます。これは赤ちゃんにとって、何よりも楽しい遊び。そしてこれこそが、信頼の土台になります。

ここよ　ここよ

かんざわとしこ ぶん、やぶうちまさゆき え
<福音館書店>

　いろんな鳥や動物のあかちゃんが、お母さんのうしろに半分隠れています。「どこにいるの？○○のあかちゃん」といいながらページをめくると、あかちゃんたちは「ここよ ここよ」といって、お母さんの後ろから出てきます。読んでもらう赤ちゃんが少し大きくなると、隠れているあかちゃんを自分で見つけ、「ここ！」と誇らしげに指さすようになるでしょう。

もう　おきるかな？

まつのまさこ ぶん、やぶうちまさゆき え
<福音館書店>

　「もうおきるかな？」「あー，おきた」のくり返しは，赤ちゃんには音楽みたいに気持ちがいいようです。毛並みがリアルで思わず触ってみたくなる絵は，赤ちゃんの目を惹きつけます。動物の表情に合わせて，読み手がスースーと寝息を立ててみたり，「あーあ」とあくびをしたりすると，５カ月くらいの赤ちゃんは，手足をばたつかせて喜びます。

おつきさまこんばんは

林明子 さく <福音館書店>

　夜空に出てきたお月さま。うれしくて「こんばんは」といったのに，すぐに雲がやってきて，お月さまを隠してしまいます。赤ちゃんはこの場面で，とても心配そうになることも……。でも大丈夫。雲はすぐにどいて，「ごめんごめん　ちょっとお月さまと　おはなししてたんだ」とあやまります。役になりきって会話をする楽しみが味わえる絵本です。

「だれかな？」「何かな？」などと、対話をうながす絵本は、赤ちゃんと大人とのコミュニケーションの助けになります。赤ちゃんといっしょに探したり、役になりきって対話をしたり、１冊からいろんな遊びが広がります。

だーれかな　だーれかな

カズコ・G・ストーン さく <童心社>

「ピョン ピョン ピョン」という言葉とともに，足跡が並び，ページのはしっこに緑色の足の先。「だーれかな」の答えは，もちろんカエル。続いて，アヒルやブタやゾウが登場。温かくてかわいい絵ですが，足跡の絵には特徴がしっかりとらえられています。

どーこだ　どこだ

カズコ・G・ストーン さく <童心社>

ヒヨコのピーちゃんが，朝顔やいちごやたんぽぽのかげを通って，おさんぽ。身体が半分隠れても，大人には見え見えですが，赤ちゃんにとっては，「あっ，そこにいる」と気づいたり，「やっぱりいた」と確認することが，とてもうれしいのです。

なーんだ　なんだ

カズコ・G・ストーン さく <童心社>

最初の場面は，赤地に白と黒の抽象的な絵のようですが，リズミカルな言葉にのって，ページをめくっていくと，黒いのは耳、白いのは頭で，パンダであることがわかってきます。顔全体が見えるようになると，赤ちゃんは手足をばたつかせて喜びます。さらに，そのパンダの腕のなかには，赤ちゃんパンダが……。シンプルでわかりやすいところが，幼い赤ちゃんにぴったりです。

おなかがすいた

生まれたばかりの赤ちゃんは、生きるための本能によって、乳房を探しあて、母乳を吸って、お腹を満たします。それから半年、そろそろ離乳食という時期になると、大人の口元をじっと見つめるようになります。そうやって観察することで、さまざまな食べものに興味を向けていくのです。

赤ちゃんが絵本に描かれた食べものを喜ぶのは、おいしそうに見えると同時に、そこにお母さんの「どうぞ」の気持ちが添えられているからです。

りんご

松野正子 ぶん、鎌田暢子 え
<童心社>

赤や黄色のりんごは、まるくて、とてもおいしそう。お母さんが皮をむき、まな板の上で切って、芯をとり、食べやすい大きさにしてくれます。それが、リアルな絵でていねいに描かれているので、場面を追っていくうちに、口のなかにつばがたまってきます。お皿いっぱいのりんごに、最後は親子で「ああ おいしい」。

くだもの

平山和子 さく <福音館書店>

みずみずしい果物が、本物そっくりの色と質感で描かれていて、しかも、次のページでは食べやすく切られ、「さあどうぞ」とさしだされるのですから、大人でも、思わず手を伸ばしたくなります。4カ月の赤ちゃんも、愛情あふれる「さあどうぞ」に、手足をばたつかせて喜びます。ハイハイができはじめると、しきりに絵の果物をつかもうとします。

まるくて　おいしいよ

こにしえいこ さく <福音館書店>

白いページの上に、いろんな色をした大小の丸と、「これ なあに」の文字。ページをめくると、ケーキだったり、のりまきだったり、レモンだったり。いろんな味、いろんなおいしさが想像できて、つまんで口に入れて、うっとりした顔やすっぱい顔をする子や、よだれをたらす子も。

くっつきあって

肌と肌との触れあいは、赤ちゃんを安心感で包んでくれます。その体験は、思い出せる記憶としては残りませんが、じつは、人への信頼感のもとになり、それが大人になってもずっと続くといわれています。

読むときや、読んだあとに、子どもとくっつきあって遊びたくなる絵本です。大人だって、思いきり「ぴたっ」とくっつきあえば、ほらっ、こんなにいい気持ち。自分が赤ちゃんだったときの肌の記憶が、自然によみがえってくるのかもしれませんね。

いいな いいな

かたやまけん さく ＜福音館書店＞

ぷうちゃんが、いろんな動物と、いいところのくらべっこ。ぷうちゃんが、うさぎの「まあるいせなか」に触って、「いいな　いいな」というと、うさぎはぷうちゃんの「まあるいおなか」に触って、「いいな　いいな」といってくれます。まねをして、触りあって遊べば、おたがいのいいところを見つけるのが、どんどん楽しくなってきます。

どうぶつのおかあさん

小森厚 ぶん、薮内正幸 え ＜福音館書店＞

いろんな動物のお母さんが、子どもを運ぶときのやり方が、毛並みに触ってみたくなるほど正確な絵で描かれています。くわえたり、おぶったり、しがみつかせたり……。やり方はいろいろですが、どの動物のお母さんも、子どものことに一生懸命。その優しさあふれる様子が、自然にお母さんと赤ちゃんの気持ちを一つにしてくれます。

ぴたっ！

あずみ虫 さく・え ＜福音館書店＞

いろんな動物の親子が、「ぴたっ！」と身体をくっつけあいます。ぞうは鼻と鼻で、きりんは首を伸ばして、かもはお母さんのおなかの下にはいって……。読み終わったら、いろんな動物のまねをして、「ぴたっ！」とくっつきあってみたくなること、うけあいです。

ひとりでできた

大人にとってトレーニングは，特別にすることですが，できないことだらけの赤ちゃんにとっては，毎日トレーニングするのがあたりまえ。なかなかできるようにならなくても，めげたりしません。がんばっていれば，ある日ふっとできるようになって，そんなときに赤ちゃんが見せてくれる笑顔は，とびっきりです。

きゅっ きゅっ きゅっ

林明子 さく ＜福音館書店＞

赤ちゃんが、ぬいぐるみの動物たちと、並んでお食事。みんなが、おなかや手足にスープをこぼしたのを、赤ちゃんが「きゅっきゅっきゅっ」とふいてあげると、今度はお母さんが、赤ちゃんのお口のまわりをふいてくれます。お母さんのまねっこをしながら、いろんなことができるようになっていくんですね。

おててがでたよ

林明子 さく ＜福音館書店＞

服を頭からかぶった赤ちゃんが、おててを出す場所を探しています。おててが出て、あたまが出て、「あんよはどこかな」。赤ちゃんには、自分の手足も、まだまだ思いどおりにはなりません。それらを一つ一つ確かめながら、身体を自分のものにしていくんですね。いつもは大仕事の赤ちゃんの着替えも、「おてては　どこかな」と遊びながらやれば、赤ちゃんにも協力してもらえて、楽しくはかどりそうです。

赤ちゃんは自分でやってみたいのに、大人はついつい手を貸してしまいがち。そこでぐっとがまんして、赤ちゃんのがんばりを応援しながら見守るこつを教えてくれる絵本もあります。

おもしろい ひびき

赤ちゃんがなかなかしゃべらないのは、言葉がわかっていないからではなく、声を操っていろんな音を出すのがむずかしいから。声を区切って発音するには、身体全体を動かして、言葉のリズムを作らなくてはなりません。響きがリズミカルな言葉だと、身体が自然に動きだすので、まねてみるのにいいようです。

生後半年をすぎると、赤ちゃんはさかんに口を動かして、いろんな音を出してみようとしはじめます。おもしろい響きの音に敏感なのも、この時期の特徴です。

子どもが身体で言葉のリズムを感じられるように、大人もしっかり身体を揺らしながら、日本語の音の世界を楽しみましょう。

がたん ごとん がたん ごとん

安西水丸 さく ＜福音館書店＞

「がたん ごとん がたん ごとん」と汽車が進んでいくと、哺乳瓶やコップやりんごが、「のせてくださーい」と声をかけます。赤ちゃんは「がたん　ごとん」の心地よいリズムが大好き。身体をゆすって喜び、そのうちいっしょに唱えはじめます。

がちゃがちゃ どんどん

元永定正 さく ＜福音館書店＞

「がちゃがちゃ」「どんどん」からはじまって、どの絵も、なるほどと感心するくらい、音にぴったり。楽しみながら読んであげれば、赤ちゃんも笑顔になって大喜び。そのうち、絵を見ただけで、それらしい音を出してみようとしはじめます。

どんどん育つ

もぐもぐ ごっくん

生まれたての赤ちゃんの顔が丸いのは、あごが発達していないから。でも、次第に歯が生えてきて、早くて9カ月、ゆっくりの子で16カ月くらいで、上下の乳歯が生えそろいます。離乳食になるのは、6カ月くらいから。赤ちゃんがもぐもぐと口を動かすと、お母さんの口も、ついつられて動きますよね。それを見て赤ちゃんも、さらにもぐもぐ。そのトレーニングのおかげで、あごがしっかりしてきて、1歳くらいになると、根気よく噛み続けられるようになります。

赤ちゃんの舌には、味覚を感じるセンサーが大人の2倍もあって、新しい味にはとても敏感。はじめての味には、用心するに越したことはないと、舌でぺっと押しだしたりもします。1歳近くになると、そんなときにはお母さんの顔を見て、ゴー・サインかどうかを判断するようにもなり、これを「社会的参照」といいます。もぐもぐしているときに、お母さんがにっこりして、おいしいよと合図をすれば、赤ちゃんも安心して、ごっくんと呑みこみます。

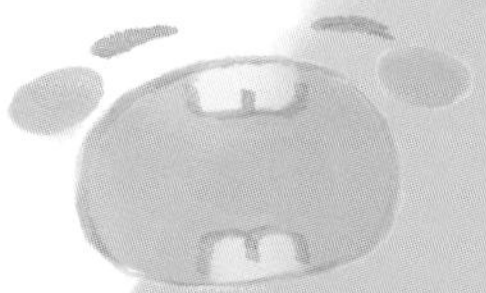

優しい声を聞いて眠りたい

1歳の睡眠時間は、およそ12から14時間。こんなに眠って大丈夫?と、心配になるくらいです。お昼寝や、夜のおやすみの時刻が定まり、ぐっと睡眠が深くなるのは、1歳から2歳にかけて。でも、疲れて眠りたい身体と、まだ起きていたい頭とが、小さな身体のなかで綱引きをはじめると、ぐずってなかなか眠らなかったりもします。

子育てでてんてこまいのお母さんが、やっと一息つけるのは、子どもが寝入ってくれたあと。つい、「寝ないとおばけがくるよ」などと、おどかしたくもなりますよね。

でも、子どもの脳は、眠っているあいだに、その一日の記憶を整理します。最後に聞いたお母さんの声が優しければ、それが深く記憶に刻まれ、安心感のもととなり、心の安定した子どもに育ちます。おやすみ前の絵本タイムは、子どもにお母さんの優しい声を届けるのと同時に、ちょっとイライラしていたお母さんの心をしずめてもくれて、一石二鳥です。

そうそう、お父さんが夜遅く帰って、子どもが起きてしまうなんてこともありますよね。そんな時は、しばらく遊んでもらいましょう。体内時計のリズムを保つのに大切なのは、眠る時刻より、朝起きる時刻のほうです。朝、小鳥たちといっしょに目覚めれば、気持ちのいい一日がはじまります。

ちょっとなら離れていられる

そのうち、お父さんが子どもをお風呂に入れてくれれば、お母さんもゆっくりお風呂が楽しめる日がやってきます。お母さんが近くにいることさえわかっていれば、姿が見えなくても安心していられるようになるのです。

さまざまなことに関心が広がりはじめると、お母さんがお料理をするあいだ、足にしがみつくのをやめて、ちょっと離れたところで、鍋をガチャガチャいわせて遊んだりするようになります。でも、ガッチャーンと思いがけない音がしたら、あわててお母さんのそばへ駆けもどることも。ちゃんと安心できる場所が確認できたら、また、遊びの場へともどっていきます。

心のアンテナ　感度良好！

大人はつい、目からの情報に頼りがちですが、子どもはもっといろんな感覚を使って、世界を感じ取っています。

舌のセンサーのことは話しましたが、8歳くらいまでの子どもは、音についても感度良好！　大人よりも高い音を聞き分けます。小枝や葉っぱのすれる音、水音、小動物の鳴き声など、自然のなかにあふれている高い音を、子どもの耳はちゃんとキャッチ。匂いにも敏感で、保育園の廊下に落ちていたハンカチがだれの落としものか、匂いだけで嗅ぎ当てるなんてこともやってのけて、大人をびっくりさせます。果物の匂いへの感度も、大人顔負け。その一方で、5歳までは、汗やおしっこの匂いには案外寛容。そんなところは、ジャングルで暮らしていた祖先に近いのかもしれません。

目には見えないものを見る力

1歳半をすぎるころから、子どもは、積み木を電車に見立ててガタンゴトンと遊んだり、ハスの葉を傘に見立てて、さしてみたりしはじめます。積み木やハスの葉が手がかりになって、記憶の引き出しから、似た特徴を持つ電車や傘を見つけてくるのです。そこにはないものをあるように感じて「見立てる」力を、「象徴能力」といいます。

この時期になると、他人の心も少しずつ推測できるようになります。おもしろい実験があって、まず大人が、子どもの目の前で、子どもの好きなクラッカーをまずそうな顔で食べ、子どもの大嫌いなブロッコリーを、おいしそうな顔で食べます。そのあと、大人が「ちょうだい」と手を出すと、1歳2カ月の子どもはクラッカーを、1歳半の子どもはブロッコ

リーをくれます。つまり、その4カ月のあいだに、子どもは相手の表情を見て、その人の好みを読み取れるようになったのです。心という、目には見えないものが、少しずつ見えるようになってきているということです。

「イヤイヤ」の数だけ 学んでる

やってきました反抗期。おばあちゃんの家からかえる時刻になっても、2歳のみいちゃんは「かえらない！」の一点張り。お気に入りの靴をはかせようとしても、「はかない！」。やっと靴をはいて、おばあちゃんが「またきてね」と言うと、今度は「こない！」。

　この時期の「イヤイヤ」は、ほんとに嫌というより、おばあちゃんともお母さんともちがう「自分」というものを、しっかりとつかむためのトレーニングのようです。

　そこにやがて、理屈が加わってきます。2歳半になったみいちゃんは、朝ごはんにイチゴの飴を食べるといい出します。お母さんがだめだというと、「じゃあ、メロンのは？」「一口だけだったら？」と、交渉をはじめました。

　ちょうどこのころ、脳のうちの、おでこの裏側あたりにある前頭前野という領域が、急速に発達してきます。考える力を支えるこの領域が発達すると、それに伴って言葉の量も急激に増え、2歳から3歳にかけておよそ5倍にもなり、言葉を使って考えるということが可能になります。これを、「語彙の爆発期（ボキャブラリースパート）」と呼びます。

　反抗期に、大人と「ああでもない」「こうでもない」とやりあうことで、考える力も、言葉を使う力も、どんどん鍛えられます。主張するだけでなく、折り合いをつけるすべも、そうやって学んでいくのです。

おいしくたべよう

お母さんのお乳から，離乳食をへて，いよいよ，いろんな味，いろんな食感へと，フィールドを広げていく時期がやってきます。お母さんが作ってくれるのを見ていれば，はじめてのものでもおいしく食べられて，お腹も心も大満足です。

おにぎり

平山英三 ぶん、平山和子 え <福音館書店>

ほかほかと湯気のたつごはんを、力強い手が「ぎゅっぎゅっ」とにぎっていきます。ほんとに目の前でおにぎりが作られていくようで、お皿に並ぶと、子どもたちは自然に手を出します。おにぎりはやっぱり、人の手で作られる食べものの原点ですね。子どもにとっての食べものは、本来こういうものだということを、大人も強く実感させられます。

おべんとう

小西英子 さく <福音館書店>

おべんとうばこに、まずたきたてのごはんが、ミートボールが、たまごやきが、ウィンナー、ブロッコリー、ニンジン、ポテトサラダが、彩りよく詰められ、最後にいちごもはいって、ハンカチに包まれてできあがり。どの食べものも、ていねいに作られていることが感じられます。ニンジンの絵がひときわおいしそうで、好き嫌いもふっとびます。

ぐりとぐら

なかがわりえこ 文、おおむらゆりこ 絵
<福音館書店>

野ネズミのぐりとぐらが、森で見つけたものは……。なんだろう、と思わせておいて、ページをめくると大きなたまごがあったり、さてどうやって持って帰ろうと、ぐりとぐらといっしょに考えたり、読み手も参加できるのが魅力です。自分で「おりょうりすること」の誇らしさを、子どもたちにも体験させてあげたいですね。

かばくん

岸田衿子 さく、中谷千代子 え <福音館書店>

朝の動物園。カバの親子のところへ、カメを連れ、野菜のかごをかかえた男の子がやってきます。見物の子どもたちもやってきて、カバたちが遊ぶのをながめ、カバたちも子どもたちを見物。やがてカバは、大きな口をあんぐり開けて、大きなキャベツをまるごと平らげます。その豪快な食べっぷりに、読んでもらう子どもたちも大満足。食の細い子も、あんぐりと口を開けて食べるようになります。

湯気のたつおにぎりの絵は、大人にはただの絵でも、作る過程をずっと追ってきた子どもには、本物のおにぎりを感じさせます。自分のために、ちゃんと手を使って作られた料理は、子どもにとって最高のごちそう。大好きなものを詰めてもらったお弁当は、まさに宝石箱です。さあ、今日は、お弁当を持って、どこへ遊びに行きましょうか？

「食べたい」という気持ちの薄い子には、『かばくん』がおすすめ。まるごとのキャベツを豪快に丸呑みするカバくんの姿を見れば、食べることと、大きく育つこととが、確かなイメージによって、しっかりと結びつきます。

ぐっすり ねむろう

お母さんの穏やかな声が、子どもたちを眠りの入り口へと誘います。声の響きと、肌をそっとさすってくれる手のぬくもりは、一生心に刻まれる優しい記憶。安心しきっていられる、このひとときが、質の良い眠りへと子どもを導きます。

おやすみ　おやすみ

シャーロット・ゾロトウ 文、ウラジーミル・ボブリ 絵
ふしみみさを 訳 ＜岩波書店＞

　クマ、ハトから、イモムシやクモに至るまで、さまざまな生きものの眠る姿が、特徴をとらえた美しい絵で描かれます。とりわけうれしいのは、イヌが「だいすきなひとのベッドのそばで」眠っている場面。眠っている子どもが自分で、イヌに「だいすき」といわれているような気がしてきます。濃いグレーの地に、落ち着いた色彩の絵は、夜の空気に柔らかく包まれているようで、ページをめくるうちに心地よく眠りにつけそうです。

おやすみクマタくん

カズコ・G・ストーン さく ＜福音館書店＞

　寝る時間になってもまだ眠くないクマタくん。ママクマさんが枕や毛布が逃げていきますよといっても平気です。パジャマもお月さまのものになるといわれ、「いいよ、ぼく　お月さまに　パジャマ　かしてあげる」と答えるスケールの大きさは、子どもの共感を誘います。最後に、ベッドが逃げて天の川で揺れるお船になると、それに乗りたくなって、気持ちよくぐっすり。雄大で静かで美しい夜の世界に抱かれるイメージが、自然に心を落ち着かせてくれます。

　おやすみの時間におすすめなのは、しっとりした美しさと静けさをたたえた絵本。昼間は元気いっぱいに暴れまわっていた子どもも、おだやかな時間の心地よさを味わって、安心して眠りの世界にはいっていきます。『おやすみクマタくん』のお母さんグマや、『おやすみなさいコッコさん』のお月さまが、眠りたくない子どもと交わす対話は、毎晩子どもと丁々発止のお母さんにも、いいヒントを届けてくれそうです。

おやすみ、　わにのキラキラくん

カズコ・ストーン さく、いぬいゆみこ やく ＜福音館書店＞

　ワニのアリゲーがハンモックから夜空を見上げ、星と星を線でつないで遊んでいたら、やがてそれがワニになり、地上に下りてきます。キラキラくんと名づけられた星のワニとアリゲーくんは、夜の散歩に。そこで出会った生きものたちが素敵なベッドで寝ているので、キラキラくんもベッドがほしくなり、星をつないだベッドを作ってもらって、空に帰ります。夜の世界の美しさがとても心地よく、読んでもらえば、身体が自然に心地よい眠りのなかへとすべりこんでいきそうです。

おやすみなさいコッコさん

片山健 さく・え ＜福音館書店＞

　「ねむらないもん」と宣言し、空の雲が眠っても、池の魚が眠っても、「ねむらないもん」といい続けるコッコさん。でも、身体のほうはどんどん眠くなり、とうとうお月さまの優しい光に見守られながら眠りにつきます。寝る前には、必ず自分でこの絵本を持ってきて、「ねむらないもん」をいっしょにくり返しながら、すーっと眠ってしまう坊やも。

子どもはいつだって好奇心でいっぱい。一人で冒険するのはまだ無理でも、大好きなお母さんさえいっしょなら、外の世界を探索したくてたまりません。靴をはいてお外を歩くだけでも、笑顔があふれてきます。まわりじゅう、おもしろいものだらけ。「あれ何?」と指さししたら、そばにお母さんがいて、教えてくれるのも、うれしいことです。

お外も なんだか おもしろそう

いよいよ自分の足で外の世界を歩く時期になった子どもたちには、五感を全開にして世界が味わえる絵本を、読んであげましょう。最初はちょっと不安でも、お母さんがいっしょなら大丈夫。じきにいろんな出会いがうれしくなってきます。

ぽとんぽとんはなんのおと

神沢利子 さく、平山英三 え ＜福音館書店＞

冬ごもりの穴のなかで、かあさんぐまにぴったりくっついているこぐまたち。外から聞こえる物音に、ちょっと不安になっても、かあさんが「フクロウのこえ」などと優しく教えてくれるので、安心です。外からの音は、次第に春を知らせるすてきな音に。想像をどんどんふくらませて、さあ、いよいよ、母さんといっしょに、春の野山へお出かけです。

くつくつあるけ

林明子 さく ＜福音館書店＞

絵に描かれているのはくつだけ。お散歩に出て、ぱたぱた、とんとん、ぴょんぴょんと、飛んだりはねたりします。転んでも、どっこいしょと、一人で起きて……。幼い子どもが大好きなリズミカルな擬音がいっぱい。歩きはじめた子どもが、自分の靴に目をすえながら、一歩一歩、確かめるように歩くときの気持ちにぴったりです。

こんにちは

わたなべしげお ぶん、おおともやすお え
＜福音館書店＞

一人で歩けるようになったクマくんは、お花やスズメに「こんにちは」。牛乳屋さんや郵便屋さんにも「こんにちは」。最後には、帰ってきたお父さんにも「こんにちは」をいったら、「かわいい　かわいい」と抱き上げてもらえます。いろんな出会いがある外の世界。笑顔を向ければ笑顔がもらえる喜びを味わえば、外へ出ていくのが大好きになります。

世界を感じたい

人間には、目で見る、耳で聴く、肌で触れる、鼻でかぐ、舌で味わうという、五つの感覚がそなわっています。外の世界に興味がわいてきた子どもたちは、五感のチャンネルを全開にして、世界を鋭敏に、そして感動的に感じとっていきます。

かぜフーホッホ

三宮麻由子 ぶん、斉藤俊行 え <福音館書店>

大人はふつう、風の音を、そよそよ、びゅうびゅう、ごうごうくらいにしか、分けていませんが、風を肌で感じ、その音に耳をすましている子どもたちは、フーホッホ、ヒューロルル、ドウアーと、細かい音の変化を、聞き取っています。読み聞かせながら、子どもの鋭敏な感覚に寄り添って、世界を感じなおしてみるのも、すてきですね。

おなかのすくさんぽ

かたやまけん 作 <福音館書店>

散歩に出たぼくは、水たまりで遊んでいる動物たちに出会って、いっしょに泥んこ遊びをして、洞窟探険をして、山の上から転がって……。とんでもなくワイルドなこの絵本に、大人は最初ぎょっとしますが、子どもには、仲間といっしょに泥んこになったりして、ダイナミックに遊ぶ体験が必要。生きる力がやせ細りがちな、いまの子どもたちを、しっかりとパワーアップしてくれる、頼もしい絵本です。

五感のうち、目と耳は、映像を見るときにも使いますが、映像には、味も、匂いも、手触りもありません。幼いときに泥んこ遊びや自然体験が大切なのは、五感全部をしっかり連動させながら育てていくことができるから。そんな体験へと子どもを誘い出してくれる絵本は貴重です。

コッコさんとあめふり

片山健　さく・え <福音館書店>

くる日もくる日も雨。コッコさんは、てるてる坊主を何度も作り直して、雨がやむのを待ちます。でも、絵に描かれた雨の庭は、雨だからこその色や匂いや音やしめりけを、リアルに感じさせてくれて、とてもすてき。そして、雨のあとのまぶしい日射しは、それこそ、生きる喜びにあふれています。

知りたがりの気持ちがむくむく

外の世界へ踏み出す勇気が出てきたら、今度は、いろんな生きものたちが気になりはじめます。思えば、私たちの祖先は、狩猟採集で生きていたのですから、その時代からの本能かもしれませんね。でもまだ、おっかなびっくり。知りたがりの気持ちと、ハラハラドキドキとのあいだを、行ったりきたりです。

幼い子どもは、よちよち外歩きができるようになると、生まれながらの生物学者のように、生きものを観察しはじめます。でもまだ怖いものだらけなので、小さくて動きののろいもの限定です。そんな子どもたちの探索行動は、子ネコや子イヌのふるまいに、おもしろいくらいそっくりです。

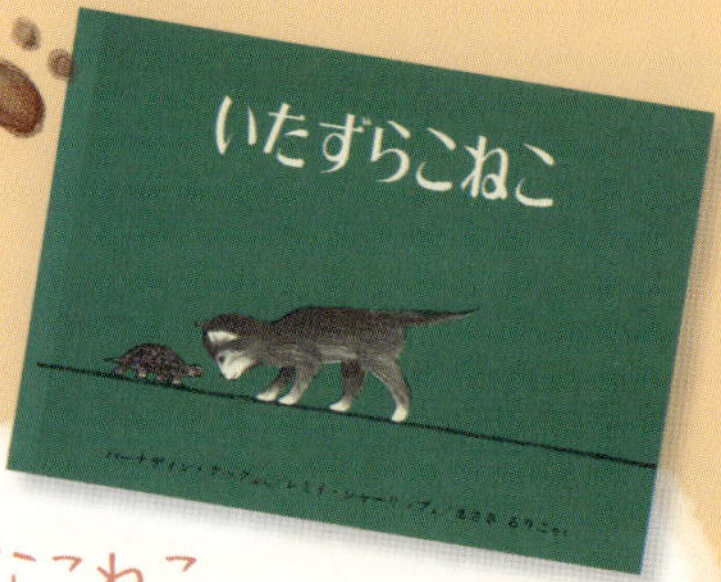

いたずらこねこ

バーナディン・クック 文、レミイ・シャーリップ 絵
まさきるりこ　訳 <福音館書店>

横に長い見開きの右はしの柵のあいだから顔を出した子ネコ。左のページにある池から頭を出した「へんなもの」のことが知りたくて、そろそろと近づきます。「へんなもの」はカメですが、そばに寄って、ポンとたたいてみたら、頭や手足を引っこめたので、びっくり。やがてカメはまた歩きだし、それが怖くてあとずさりしているうちに……。まさに幼い子どもの探索行動そのものですが、子ネコやカメの生態としても自然です。

アンガスとあひる

マージョリー・フラック さく・え
瀬田貞二 やく <福音館書店>

アンガスは知りたがりやの子イヌ。生け垣の向こうから聞こえる不思議な声の正体が知りたくて、ある日、垣をくぐり抜けます。向こうにいたのは２羽のアヒル。はじめ、吠えながら追いかけたら、アヒルたちは逃げますが、じきに反撃されて、やっとの思いで家へ駆けこみ、ソファの下にもぐります。３分間は知りたがりやでなくなった、という結びが、すぐまた知りたがりやにもどることを予告しています。アンガスのいかにもイヌらしいふるまいが、好奇心旺盛な子どもの心にぴたりと重なります。

身体で言葉を感じる

赤ちゃんが敏感に反応するのは、「ころころ」のように、おなじ音をくり返す言葉や、動きなどを表現する擬態語。1年かけて日本語の響きに親しんでくると、身体の動きと連動させて、いろんな言葉を自分のものにし、表現に使えるようになっていきます。

もこもこもこ

たにかわしゅんたろう さく、もとながさだまさ え
<文研出版>

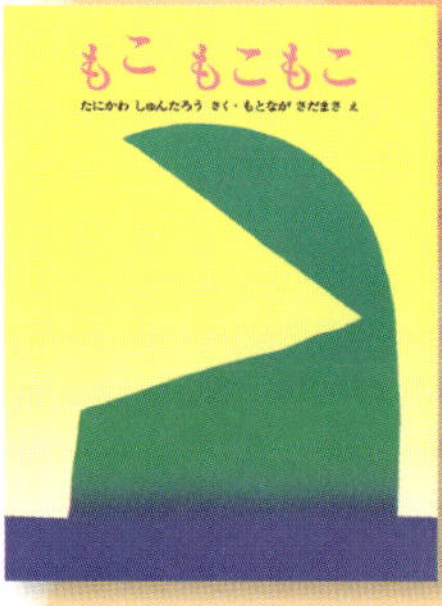

「しーん」とした地面が「もこ」と盛り上がり、「もこもこもこ」とふくらんで、やがて、「ぱく」「もぐもぐ」「ぷうっ」「ぎらぎら」「ぱちん」……絵はシンプルな抽象画でも、動きを表現する言葉との取り合わせが絶妙。２歳でも、絵を見ただけで自然に「もこっ」などといいはじめます。やがて、絵と絵をつなげて物語を読み取ろうとしはじめる子どもたちも。

はなび ドーン

カズコ・G・ストーン さく <童心社>

暗い夜空に、白い筋を見せて「シューッ」と昇り、「パンッ　ドーン」「パパパーン」「キラキラキラ」と開く、色とりどりの美しい花火。まだ花火を見たことのない赤ちゃんも、顔をほころばせ、手を振り動かして喜ぶのは、言葉の響きと、ダイナミックに広がる花火の美しい絵が、見事に連動していて、まるで自分もキラキラとはじけているような気分になるからでしょう。

ころころころ

元永定正 さく <福音館書店>

カラフルな色玉が、坂道やかいだん道やでこぼこ道を「ころころころ」と転がっていきます。登りでも転がっていくのは、大人には不思議ですが、色玉の一つ一つが子どもで、よいしょよいしょと登っているみたいにも思えてきます。子どもはそれを目や指でたどりながら、自分もよいしょよいしょと登ったり、転がり落ちたり、すべったりを、体感しているようです。最初は大人が指でたどりながら読んであげるといいですね。

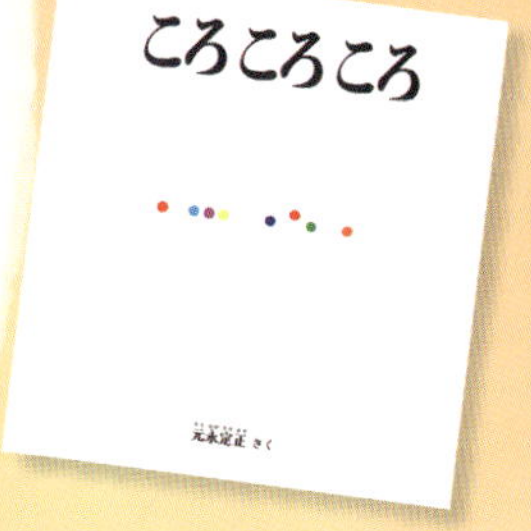

絵本の絵は動きませんが、「ころころ」とか、「もこもこ」とか、「シューッ」「パパパーン」といった言葉を添えると、とたんにいきいきと動き出し、子どもの身体もいっしょに踊ったりはじけたりしはじめます。想像力で動きを感じることができるのは、人間ならではのすばらしい力ですね。

なかまとともに

赤ちゃんウォッチングをする赤ちゃんたち

赤ちゃんは、自分とおなじくらいの赤ちゃんに出会うと、しばしば、その様子をじっと観察します。1歳前だと、はいはいをしている赤ちゃんを見た次の日に、急にはいはいをはじめたり……。1歳をすぎると、近くにいる子が楽しそうに走り出せば、自分も走り出すなど、おなじ動きをすることを楽しむようになります。

2歳になると、お母さんとお出かけをした先で、おない年くらいの子どもに出会えば、短いやりとりが楽しめるようになります。まだまだ気持ちが通いあうまでにはいかず、思いはしばしば一方通行ですが、おなじ遊びを共有しているだけで楽しいのです。

すぐそばで遊ぶうちに

2歳から3歳にかけての子どもの遊びは、おそろしく真剣で、まるで仕事みたい。黙々と砂をコップに入れては、ひっくり返したり、バケツの水を小枝でぐるぐるとかき回し続けたり、砂や水の働きを探究しているかのようです。

おなじものに関心が向いている子どもたちは、やがて、横ならびになって、「仕事」にはげむようになります。そして、隣の子の作業を、おもしろそうだなと見つめたり、ちょっとした発見を伝えたそうな様子を見せたりしはじめます。並んで遊んでいるうちに、いつしか気持ちがつながってきているのです。

そのうち、「あの子が好き」という気持ちもわいてきますが、まだそれはふんわりしたもので、遊びを芯にして集う仲間のような感覚です。

友だちできて、うれしいな

2、3歳になると、よく遊ぶお友だちの名前を覚え、その子と遊ぶことがうれしいと思うようになってきます。友だちといっしょに遊びたいという気持ちも、どんどん強くなっていきます。

ある朝、登園してきたのんちゃんは、ぐるぐるを描いたお手紙を、みいちゃんに手渡しました。先生が、何を描いたのかなと思ってたずねてみると、「あそぼうね」と書いたのだとか。思いを伝えるやりとりも見られるようになってきます。園でお友だちとどんなふうに遊んだか、帰ってからお母さんに話したりもするようになります。

大人って、カッコいいな

3歳くらいの子どもは、大人の様子をよく観察しています。おままごとでは、おうちでお母さんが料理を作るときの様子も、お出かけするお父さんに声をかける様子も、ものの見事に再現されて、ときどきお母さんが恥ずかしくなってしまうことも……。これは、「模倣」と呼ばれ、幼い子どもにとって最も効果的な学習方法の一つです。大人へのあこがれが、模倣に挑戦したい気持ちを後押しします。私たちは、子どもたちにあこがれてもらえる大人になっているでしょうか？

いっしょに あそぼう

小さい子どもたちは、とてもうれしそうに「あそぼう」と誘ったり、誘われたりしています。だれかといっしょに遊ぶと、遊びのなかで湧き起るハラハラドキドキや、ウキウキの気持ちが伝わりあって、何倍も楽しくなることが、少しずつわかってくるのでしょう。ちょっと気持ちがぎくしゃくしても、すぐに仲直りできるのがこのころです。

ぞうくんのさんぽ

なかのひろたか さく・え、
なかのまさたか レタリング ＜福音館書店＞

ゾウくんがさんぽに出かけ、カバくん、ワニくん、カメくんに出会って、次々に背中に乗せていきます。どんどん積み重なって、大丈夫かな、と心配になりかけたとき、案の定、ゾウくんはよろけ、みんな転げ落ちてしまいます。でも、ちょうど池のそばだったので、大丈夫。みんな楽しく、水浴びをします。友だちといっしょだと、何があっても平気なのですね。

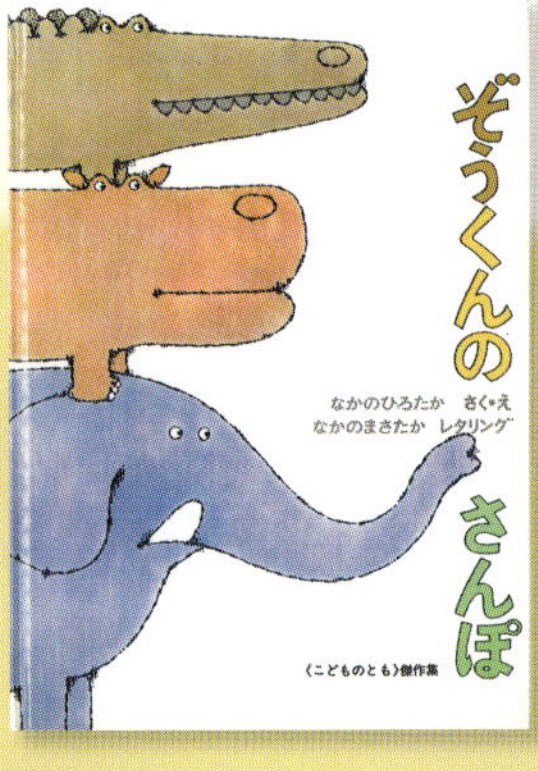

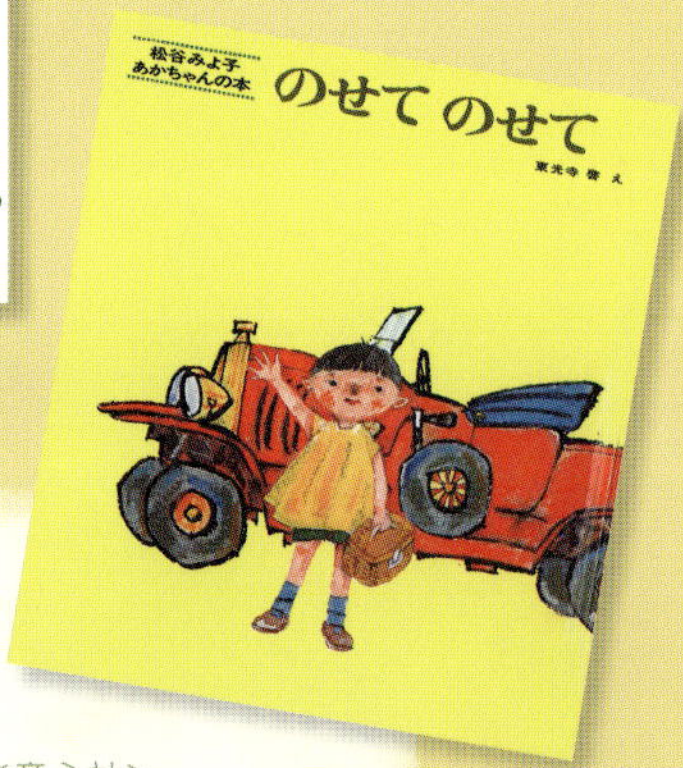

のせて のせて

松谷みよ子 さく、東光寺啓 え ＜童心社＞

まこちゃんが自動車を走らせていると、「ストップ! のせてのせて」と声がかかり、ウサギ、クマ、ネズミが次々に乗ってきます。トンネルにはいると、まっ暗になって、ドキドキしますが、すぐまたお日さまの下へ。みんなでこのあとどこへ行くのかなと、想像がふくらみます。

友だちといっしょに遊ぶことの楽しさが自然と伝わってくる絵本たち。誘ったり誘われたりのやり方や、遊びのレパートリーも教えてくれます。
反抗期にはいった子どもとは、『あそぼうよ』を楽しむのもお勧め。絵本のなかの「あそばない」が、イヤイヤの袋小路から抜け出す魔法の言葉になってくれます。

あそぼうよ

五味太郎 さく <偕成社>

小鳥に「あそぼうよ」と誘われても、「あそばない」と拒否するキリン。でも、絵を見ると、ちゃーんといっしょに遊んでいます。たっぷり遊んだ小鳥は、「あした　また　あそぼうよ」と帰っていきますが、キリンは、「あした　また　あそばない」。あまのじゃくな気分につかまってしまったときに、言葉の遊びで気持ちをほぐすすべを教えてくれる絵本です。

ゆかいなかえる

ジュリエット・ケペシュ ぶん・え、
いしいももこ やく <福音館書店>

おたまじゃくしのときから一緒に育った4匹のカエルは、もぐりっこをして遊んだり、食べられそうになるとかくれんぼの要領で上手に逃げたり、冬になって冬眠するまで、なかよくゆかいにすごします。ときには生命の危険にさらされても、仲間がいっしょなら全然平気。子どもたちにも、自然のなかで、カエルになったつもりで、たっぷり遊んでほしいですよね。

泥んこだいすき

ふだんは清潔第一で、身近な植物や泥にさわることも少なくなっている子どもたち。でも、私たちの命を支えているのは、泥が育ててくれたお米や野菜や果物です。子どもは本来、泥遊びが大好き。小さいときに泥の匂いや手触りに親しんでおくことは、生きる力の根っこを作る上で、とても大切なのではないでしょうか。

どろだんご

たなかよしゆき ぶん、のさかゆうさく え
<福音館書店>

いま、泥にさわるのが苦手な大人でも、小さいときには泥遊びが大好きだったはず。泥だんご作りは、子どものときにぜひ経験させてあげたいことの一つです。これは、手だけをアップにした絵で、泥だんご作りのコツをわかりやすく教えてくれる絵本。「おだんご　ごろごろ　ぎゅっぎゅっ　にぎろ」など、調子のいい言葉のおかげで、自然にコツが覚えられて、唱えながらやってみるのにも便利です。

おてだまのたね

織茂恭子 絵　<福音館書店>

幼稚園に届いたおてだまで、冬じゅうさんざん遊んだら、ぬいめがほころびて「おてだまのたね」が出てきました。まいたらおてだまができるかも、と試してみたら、茎や葉がのび、花が咲き、さやができ、なかから出てきたのは小豆。それを先生がおはぎにしてくれました。幼稚園で実際にあったことから生まれた絵本。遊びと植物栽培と食べることとが、ひとつながりで体験できるのがすてきです。

これらの絵本に描かれているのは、保育園や幼稚園で、実際にあったことばかり。だから、手順がわかりやすく、泥だんご作りなどは、すぐにでもやれます。やってみたい気持ちがむくむくとわいてくると、子どもたちは驚くほどの才覚を発揮して、目の前の困難を次々に乗り越えていきます。そんな力を子どもたちから引き出してあげたいですね。

たけのこほり

浜田桂子 さく ＜福音館書店＞

保育園の子どもたちが、行列を作って竹藪へ出かけ、クワやシャベルを取り合いっこしながらタケノコを掘り、園にかついで帰って、巨大なおなべでゆで、ゆだったタケノコをむいて刻んで、風呂釜のように大きなおかまで、タケノコごはんにします。かいがいしく働く子どもたちの、頼もしいこと。そのままレシピになりますし、食の細い子や、好き嫌いの多い子も、思わずおかわりをしたくなるでしょう。

ともだちがほしい

同年齢の仲間と群れて遊ぶ楽しさを知った子どもは、やがて、「自分だけの特別な友だち」がほしくなってきます。友だちになりたい相手に受け入れてもらえたうれしさ、けんかをしたときのつらさ、なかなおりできたときの喜び……大人の大恋愛みたいに波瀾万丈なドラマが、子どもの心をぐんぐん成長させてくれます。

ちょうちょ　はやくこないかな

甲斐信枝 さく <福音館書店>

　オオイヌノフグリが、青い小さな花を懸命に広げて、蝶がくるの待っています。でも、どの蝶もほかの花のところへ行ってしまって、いっこうにきてくれません。花は受粉を助けてもらうために待っているのですが、その様子は、自分からは声をかけられない、引っこみ思案の子どもそのものです。最後にやっと蝶がきてくれた喜びは格別。なかなか自分からは踏み出せない子も、きっと勇気づけられるでしょう。

だくちるだくちる

阪田寛夫 文、長新太 絵 <福音館書店>

　火山のどがーんというとどろき以外、だれの声もしない大昔、一人ぼっちの恐竜イグアノドンが、はじめて耳にしたのは、ちっぽけな翼竜プテロダクチルスの「だくちる　だくちる」という声でした。さびしかったイグアノドンが、「どんどんばんばんうれしく」なるのといっしょに、読み手の心も熱くなって、友だちってこんなにうれしいものなんだと実感できます。

コッコさんのともだち

片山健 さく・え ＜福音館書店＞

保育園でなかなかみんなと遊べないコッコさん。服の色がおなじで、やっぱり一人ぼっちのアミちゃんと、やっと「友だち」になれました。それからはいつもいっしょでしたが、やがて、はじめての「けんか」を。でも、それがきっかけでみんなとも遊べるようになり、最後にはみんなの輪のなかで、自然に「友だち」でいられるようになっていきます。「友だち」と一心同体になる時期の特別な喜びが伝わってきます。

くまのコールテンくん

ドン・フリーマン さく、まつおかきょうこ やく ＜偕成社＞

デパートのおもちゃ売り場に並んでいたクマのコールテンくんは、一人の女の子に気に入ってもらえたのに、ズボンのボタンが取れていたせいで、お母さんにだめといわれて、買ってもらえませんでした。でも、あきらめきれない二人が、それぞれにがんばったおかげで、うれしいハッピーエンドが……。子どもは「心からの願い」を持つことで、ぐんと成長していけるのですね。

「友だち」は重要なテーマなので、すばらしい絵本がたくさん。友だちを求める切ない気持ちを、植物や動物に託して描いたものから、幼稚園や保育園で日々起こっていることを描いたものまで、いろいろあります。悩みをかかえるのも、心が豊かに成長していくための、大切なステップですね。

身のまわりのふしぎ

幼い子どもは、身のまわりのあらゆるものに関心を持ち、大人があたりまえと思って見逃しているところに、さまざまな不思議を発見します。この貴重な時期を逃さずに、しっかり自然と出会ったり、気になることを試してみたりする機会を与えてあげましょう。子どもの遊びや観察につきあえば、大人も新しい目で世界が見られて、リフレッシュできることうけあいです。

やさいのおなか

きうちかつ さく・え <福音館書店>

「これなあに」と出てくるのは、影絵のような不思議な形。次のページをめくると、じつはカボチャやタマネギなどの断面図だったとわかります。簡単そうですが、ページいっぱいに拡大されたニンジンやキュウリとなると、大人でも確信が持てなくなります。ところが子どもは、案外観察力が鋭く、お母さんが首をひねっているときに、ズバリと当てることも。ページをめくって、「やったあ」と得意になったり、「あれっ」と悔しがったりしあえるのも、この絵本ならではの楽しみです。

まほうのコップ

藤田千枝 原案、河島敏生 写真、長谷川摂子 文
<福音館書店>

水を入れたごくふつうのガラスのコップのむこうに、ものを置くと、ゆがんで見えたり、消えたり、左から近づけたフォークの先が右からのぞいたり、摩訶不思議なことがいろいろ起こります。「まさかこんなことが……」と思ったら、さっそく実際にやってみましょう。端正な写真と、ちょっとユーモラスでむだのない言葉も、すてきです。

たんぽぽ

甲斐信枝 作・絵＜金の星社＞

たんぽぽの綿毛は風によって吹き飛ばされる、と思っていませんか。この絵本は、春、たんぽぽが最初のつぼみをのぞかせるところからはじまり、花がお天気を敏感に感じ取って咲いたりつぼんだりし、やがて美しい綿毛を作って、じっと風を待ってからそれを飛ばすまでを描いています。これを読むと、たんぽぽ自身が風を読んで、願いを託して綿毛を飛ばしているように思えてきて、胸が熱くなります。

科学絵本には、むずかしい理論も数式も出てきませんが、大人でも「へえ、知らなかった」と感心するようなことが、思いのほかたくさん詰まっています。題材も、野菜だったり、水のはいったコップだったり、すぐに試してみられるものぞろいなのも、ありがたいところ。子どもにつきあって、身近なものを新しい角度からながめてみれば、子どもがどんな感動を持って世界を見ているのかが、ちょっとわかってきたりもします。

大人へのあこがれ

子どもが転んでも転んでも起き上がって、少しずつ成長していけるのは、大人へのあこがれがあるからです。禁止したり叱ったりばかりでは、子どもの心はちぢこまってしまいます。大人が直接あれこれいわなくても、子どもは大人の姿をしっかり観察しています。

スモールさんはおとうさん

ロイス・レンスキー ぶん
え、わたなべしげお やく <福音館書店>

　スモールさんは、奥さんと子どもたちの五人家族。毎朝、ひげをそって、車で出勤。奥さんは家事。なんだか古いな、と思うなかれ。そのあとのスモールさんは、せんたくものをほしたり、家の修理をしたり、草苅りをしたり、日曜には料理もしたりと、大活躍。子どもたちはいつも、そんな姿をあこがれの目で見ています。大人って頼もしいなと思える絵本です。

ちいさなねこ

石井桃子 さく、横内襄 え
<福音館書店>

　小さなネコが、お母さんネコが見ていないまに、外へかけだし、いろんな危険をなんとかくぐりぬけますが、イヌに出くわして木の上へ追い詰められてしまいます。そこへ助けにきてくれるお母さんネコ。ちゃんと気をつけて道路を渡り、イヌを追い払い、子ネコを家に連れ帰ってくれます。ネコなので、お説教なんかは一切なし。頼もしいお母さんのふるまいを、ほれぼれとながめるだけで、立派に安全教育になります。

三びきのやぎのがらがらどん

マーシャ・ブラウン え、せたていじ やく <福音館書店>

　ノルウェーのお父さんなら、だれでも語れるという昔話。トロルが待ち構えている谷川の橋を、小、中、大のヤギが、順に渡っていきます。最初の二匹は機転をきかせて逃げ、大きいヤギが見事トロルをやっつけるので、大きいヤギを先頭に立てたらよさそうなものですが、これは、「十分に力がつくまでは、機転をきかせてなんとかやりすごせ」という人生の知恵なのですね。ヤギの大きさによって、足音も言葉づかいも変化するのが楽しく、堂々とした大きいヤギが、まさに頼もしいお父さんのようです。

せきたんやのくまさん

フィービとセルビ・ウォージントン さく・え、
いしい ももこ やく <福音館書店>

　ぬいぐるみのようなクマさんが、荷馬車で石炭の配達に出かけます。「3ふくろ」と頼まれたら、石炭を石炭置き場に「どかん！　どかん！　どかん！」と投げ込み、お金を「1こ、2こ、3こ」もらいます。仕事がすんだら、お茶を飲んで、絵本を読み、ベビーベッドで眠ります。子どもたちがこの絵本を愛してきたのは、自分とおなじくらいに見えるクマさんが、きちんと働いて稼いでいることに、大きなあこがれを感じるからでしょう。

どの絵本にも、頼もしい大人の姿が、とてもカッコよく描かれています。子どもたちは、そんな大人にあこがれながら、精一杯たくましく生きようとしています。一人前に働いている小さなクマさんは、そんな子どものあこがれを、実現しているのかもしれませんね。

思わず身体が動く言葉

2歳から3歳にかけての子どもは、言葉を身体全体で受け止めています。子どもがしゃべっている様子を観察してみると、言葉といっしょに身体が動いているのがわかります。身体の動きにしっくりくる言葉は、子どもの心にストンと届き、感性を豊かにします。

おおきなかぶ

トルストイ 再話、内田莉莎子 訳、佐藤忠良 画
<福音館書店>

「……おばあさんがおじいさんをひっぱって　おじいさんがかぶをひっぱって　うんとこしょ　どっこいしょ」このくり返しの調子のよさは、読んでもらっていると、いっしょに唱えたくなってくることうけあい。言葉が積み重なっていくのを楽しめます。描かれたカブの葉の、どんなに引っ張ってもちぎれっこなさそうなたくましさが圧倒的。読み聞かせていると、子どもたちの身体が揺れはじめ、自然にごっこ遊びに発展します。

ごろごろにゃーん

長新太 作・画 <福音館書店>

ネコたちをおおぜい乗せた、空飛ぶ魚のようなひこうきが、「ごろごろにゃーん　ごろごろにゃーん」と飛んでいきます。ときにはクジラに呑まれそうになったりもしますが、ゆうゆうとくり返される「ごろごろにゃーん」が、絶対大丈夫と安心できる魔法の呪文になるらしく、子どもたちは読み手といっしょに、「ごろごろにゃーん」の大合唱をはじめます。

めのまどあけろ

谷川俊太郎 ぶん、長新太 え <福音館書店>

朝起きて、服を着て、顔を洗って。子どもの1日のいろんな場面が楽しい詩になっています。ごはんのときは「たらこ　かずのこ……」、ごきげんななめになったら「かんかん　おこりむし……」、おふろのときは「せっけんさんが　すうべった……」。お家でも園でも、折りにふれてこれらの詩を唱えれば、子どもたちはすぐに覚えて、いっしょに唱えます。そのうち、暮らしのなかでふと唱えだして、大人を楽しませてくれることも。

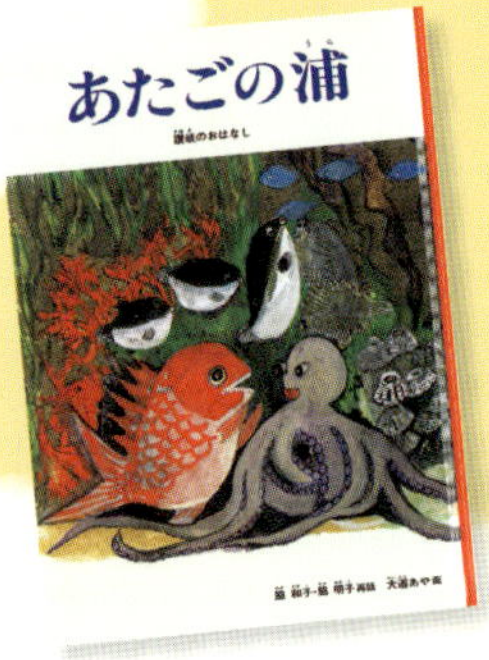

「うんとこしょ　どっこいしょ」「ごろごろにゃーん」「たらこ　かずのこ」「妙々々」……意味があるような、ないような、身体じゅうで楽しめる調子のいい言葉が、子どもたちは大好きです。子どもが笑顔になって、思わず身体を揺らすような言葉を見つけたら、何度も読んであげましょう。

あたごの浦

脇和子・脇明子 再話、大道あや 画 <福音館書店>

月のきれいな晩、浜辺に魚たちが集まって演芸会をするという愉快なお話。鯛が松の木にのぼって「松にお日さん、これどうじゃ」というと、月の光でウロコが輝いてほんとにお日さまみたいなので、みんな「妙々々々々」とはやしたてます。子どもたちは「妙々々々々」という風変わりなはやし言葉が大好き。みんなして「妙々々々々」と唱えはじめると、魚たちの不思議な世界がそこに広がります。

自分を見つける

いつから自分？

「わたし」が、他のだれかさんとはちがう私であると、はっきりわかるのは、18カ月ごろだといわれています。この時期、子どもの鼻にこっそり口紅を塗って、鏡の前に立たせてみると、鏡に映っている鼻ではなく、自分自身の鼻にあわてて触ってみるようになります。そこに見えているのが自分だとわかるのです。

でも、それよりずっと前の前から、子どもの自分探しははじまっています。生まれて2カ月の赤ちゃんは、まわりのものを触るのに比べて、自分自身に触る「ダブルタッチ」を、3倍も多くするといわれています。それほど、自分というものに関心を向けているのです。

3カ月くらいになった赤ちゃんは、ベッドに寝たままで、おもしろいことをはじめます。こぶしを突き上げ、じーっとそれを見つめていたかと思うと、「パクリ」。次の日には、足をつかまえ、じーっと見つめたあげくに、「パクリ」。手や足を確かに見つけた瞬間です。まずは身体の感覚をとおして、自分を見つけていくのですね。

お名前なあに？

「めぐちゃーん」「はーい」「たけるくん」「はーい」……

1歳をすぎた子どもは、にっこり笑顔で手を挙げます。ちがう名前を混ぜて、クイズにしてもいいかもしれませんね。手を挙げるのが楽しくて、つられてしまう子もいますが、しばらくすると、「ん?」と首をかしげるでしょう。

名前がわかるということは、お父さんとお母さんがつけてくれた名前の持ち主として、自分を認識できるようになったあかし。この先、その名前を主人公とした自分の物語をつむいでいくことになります。

I アンド Me

人生の主人公としての「わたし」（Ｉ）を生きはじめた子どもですが、同時に、ほかの人の視線を読んで、まわりからは「わたし」（Ｍｅ）がどう見えているのかという視点も、持てるようになってきます。

おしゃれに目覚め、お気に入りの服を着て、鏡の前でくるくる回ってみている女の子に、「かわいいね」と声をかければ、子どもは、「私は、かわいく見えているんだ」と、気づきはじめるでしょう。「ぼく」といっていた男の子が、「オレ」と気取ってみせたりするのも、そんなふうにまわりの眼を意識しはじめるころのことです。

わたしってすごい！

はじめて自分で立つことに成功した赤ちゃんが、次の瞬間、仁王立ちのまま、「アッハッハッハァ」と、お腹の底からわき起こった喜びを吐き出すかのように、大笑いをしたそうです。だれにも頼らずに一人で立つというのは、まさに自立の第一歩。新たな自分との出会いともいえます。

それまでの自分にはできなかったことが、今日、はじめてできるようになった、なんてことは、大人になると、そうそうはありません。でも子どもには、それが毎日のように起こるのですから、子ども時代が喜びに満ちているのも当然ですね。

「わかってもらえる」は、大きな力

「ありのままの自分がまるごと受け入れられている」という感覚を、自己肯定感といいます。子どもの個性は十人十色、いろんな長所や弱みや癖が、一人一人まったくちがったふうに混じり合っています。そのすべてが、「わたし」をかたちづくる大切な要素。それらを全部ひっくるめて愛してもらえることが、自己肯定感につながります。

「お母さん大好きぃ」という言葉とともに、むぎゅーっと子どもに抱きつかれて、ハッ

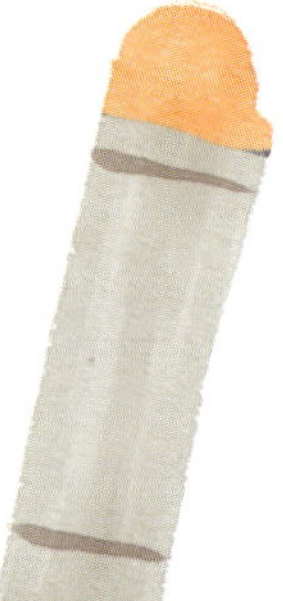

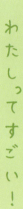

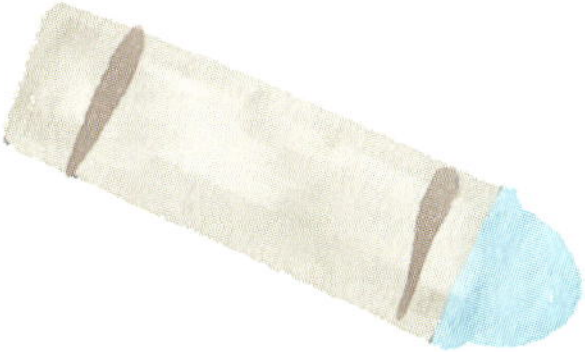

としたことはありませんか？　条件なんかつけずに愛を注いでくれるのは、子どものほうかもしれませんよね。ついつい「○○できたら、いい子」と、いってしまいがちな毎日。子どものありのままを認めることの大切さを、子どもに教えられるというのも、よくあることです。

大きくなりたい！は、心のエンジン

自分だけの持ち味を、ちゃんと認めてもらえるのは、大切なこと。その安心感があってこそ、子どもは、「大きくなりたい！」「あんなこともこんなことも、できるようになりたい！」と、素直に願うことが可能になります。

自分が特にしたいことでもないのに、親の期待を一身に背負ってがんばっている子どもがいます。じつのところ、お母さんのほうでも、「これって、ほんとに子どものためになってるのかな」などと、悩みながらのことも多いんですよね。興味の持てないことのために鍛錬を重ねる日々は、子どもにとっては苦痛そのもの。子ども本来の育ちにはなじみません。

がんばりのエネルギーは、心の底からわいてきてこそ、長続きします。それがあれば、小さな一歩一歩の達成感が着実に重なり、子どもは自分を振り返って、「すごい」と思えるのです。

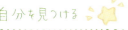

自分の見どころ発見

自分ならではのユニークなところが見つけられたら、それを活かしていくことで、子どもは自分に自信が持てるようになります。これは、子どもにかぎった話でもなさそうですね。つい、「人と比べて優れているところ」に目が向きがちですが、もっと柔軟に探してみたら、思わぬところにすてきな個性が見つかるかもしれません。

しょうぼうじどうしゃじぷた

渡辺茂男 さく、山本忠敬 え ＜福音館書店＞

消防署で子どもたちに人気なのは、はしご車や高圧放水車で、ジープに小さいポンプがついたじぷたは目立たないし、出番もありません。でもある日、山小屋が火事になり、細い山道でも登れるじぷたが、山火事になる前に消し止め、その活躍が新聞に出て、みんなに認めてもらえるようになります。自分に自信のない小さな子どもたちは、じぷたに共感してその喜びを分かち合い、自分にもいいところがあるかもと、元気になれます。

番ねずみのヤカちゃん

リチャード・ウィルバー さく、松岡享子 やく、大社玲子 え ＜福音館書店＞

ネズミは静かに隠れていないといけないのに、ヤカちゃんときたら、家のあるじのドドさんたちに「かべの中にライオンがいるんじゃないか」といわれてしまうほどの大声で、お母さんをはらはらさせます。でもやがて、その困った個性が役に立つ日がやってきて、結局ヤカちゃんは、ドドさんたちの家の番をする番ネズミと認められることに……。そうなるまでには、お母さんの愛情のこもった教育もちゃんと活用されているのが、さらにうれしいところです。

王さまと九人のきょうだい

君島久子 訳、赤羽末吉 絵 <岩波書店>

中国の少数民族の昔話。子どものいない老夫婦に、一度に九人の赤ん坊が生まれ、「ちからもち」「くいしんぼう」「はらいっぱい」「ぶってくれ」「ながすね」「さむがりや」「あつがりや」「切ってくれ」「みずくぐり」と名づけられます。見た目がそっくりな若者に育った九人は、横暴な王さまの無理難題を、かわるがわる出かけていって、見事に解決します。長所とは思えないような特徴までが、どれも見事に役に立つので、子どもたちは大喜び。寒い日には、「私、あつがりやになるぅ」などと活用します。

うできき四人きょうだい

グリム童話、フェリクス・ホフマン 画、
寺岡寿子 訳 <福音館書店>

仕事を身に着けるために、世の中に出ていった四人きょうだいが、それぞれ、どろぼう、星のぞき、かりゅうど、したてやの弟子になり、腕を磨いて帰ってきます。四人はそれぞれの特技を発揮して、龍にさらわれたお姫さまを救い出しますが、だれがお姫さまと結婚するかで、あやうくけんかに。それを見た王さまが、お姫さまのかわりに国の半分をくれたので、一件落着。みんな幸せに暮らします。だれにでも特技はあって、それを合わせれば難問も解決できるよと、はげましてもらえます。

ここに登場する主人公たちの個性は、ふつう「長所」とはいわれないものがほとんど。それどころか、お母さんがハラハラするような「欠点」だったりもします。でもそれが、「ここぞ」というところで役に立ち、人助けになったりもするのですから、うれしいですよね。『しょうぼうじどうしゃじぷた』を読んでもらった子が、「ぼくは小さいけど、げんきげんき！」とポーズを取ったとか。子どもに自信をつけてくれる絵本たちです。

いつかは できるように なる

「見て！」子どもの小さなチャレンジが、実を結んだ瞬間、思わず口から飛び出してくる言葉です。うれしい気持ちと、認めてほしい気持ちとが、一気にあふれ出てくるかのようです。自分の成長を喜んでくれる人たちに囲まれていれば、子どもはチャレンジ精神をどんどん育てていくことができます。

ラチとらいおん

マレーク・ベロニカ ぶん・え、とくながやすもと やく
＜福音館書店＞

よわむしで、怖いものだらけのラチのところへ、ある日、ちっぽけな赤いライオンが出現。ラチは、ライオンといっしょに体操をして、次第に強くなり、ポケットにライオンがいれば、怖かったこともできるようになります。ある日、いじめっ子に立ち向かったあとで気がついたら、ライオンは消えていて、あとには一通の手紙が……。たとえ強そうでも、どこかによわむしな自分をかかえている子どもたちにとって、この絵本は、これ自体がライオンそのもの。最後に出てくるライオンからのすてきな手紙は、「自分で読みたい」という気持ちを呼びさまします。

ダンゴムシのコロリンコくん

カズコ・G・ストーン　文・絵＜岩波書店＞

コロリンコくんは、パパとママと３びきのきょうだいたちといっしょに、金色の雨の木の下で暮らしているダンゴムシ。ハラペコカラスに食べられないためには、丸まってじっとしていなくてはならないのに、丸まるのは上手でも、ちっともじっとしていられません。そこでママが考えたのは……子どもの苦手な「じっとしている」ことだって、大きくなるうれしさと重なれば、うまく身についたときには大得意に。それにしても、この絵本の美しいこと。虫嫌いな大人でも、コロコロファミリーが大好きになります。

子どもには、日々の生活が「できない」ことだらけ。失敗体験を重ねすぎると、「自分にはできっこない」と、はじめからあきらめるようにもなりかねません。挑戦し続けていくためには、希望と勇気、そして、ちょっとしたコツの伝授が必要。これらの絵本は、子どもには「できるかも」という希望を、大人には、大人が果たすべき役割を教えてくれます。

およぐ

なかのひろたか さく ＜福音館書店＞

人間の身体が水に浮かんで泳げるというのは、幼い子どもには不思議なこと。洗面器に顔をつける練習をし、おふろで身体がほんとに浮くことを確かめ、おそるおそる水にはいり、しまいには水をかいて前に進めるようになるまでのプロセスが、きちんと説明されます。不可能に見えることでも、手順を踏めばできるようになるんだなと納得できることも、この絵本が子どもたちに大歓迎される秘密かもしれません。

ちょっとだけ

瀧村有子 さく、鈴木永子 え ＜福音館書店＞

妹が生まれたなっちゃんは、歩くときにママと手がつなげないし、してほしいことも頼みにくくなりました。なんとか自分でチャレンジしたら、「ちょっとだけ」成功することもあって、そんなときは誇らしい気持ちになります。でもやっぱりさびしくて、ママに「ちょっとだけだっこして」と頼んでみたら、いっぱいだっこしてもらえました。ものわかりがよすぎて、思いをためこみがちな子どもと、毎日てんてこまいのお母さんが、心を通わせあえる絵本です。

ティッチ

パット・ハッチンス さく・え、いしいももこ やく
＜福音館書店＞

三人きょうだいの末っ子ティッチは、何をやっても上の二人にかないません。でも、兄さんのシャベルで、姉さんの植木鉢に土を入れ、ティッチの小さな種をまいたら、ぐんぐん育った植物が、ついに兄さんより大きくなりました。いつもしょげていたティッチの、「どんなもんだい」といいたげな得意顔に、子どもたちも大満足。まだ悔しいことだらけの小さい子より、少し育ってきた子のほうが、自分がたどってきた道が再確認できて、未来に希望が持てるからか、よりいっそうこのお話を楽しんでいるようです。

友だちって、いいもんだなあ

いつもいっしょに遊ぶというだけでなく、自分のことを大好きでいてくれる友だちの存在は、子どもの心を強くします。まだ小さい子でも、友だちというのは、困ったときに自分を助けてくれるし、友だちが困っていれば、今度は自分が助けてあげるんだと、ちゃんと理解しているようです。

ごきげんな　らいおん

ルイーズ・ファティオ ぶん、ロジャー・デュボアザン え
むらおかはなこ やく <福音館書店>

町の動物園に住む「ごきげんならいおん」は、みんなの人気者。ある日、檻の戸が開いていたので、自分からみんなを訪ねようと思いつきます。ところがみんな、喜んでくれるどころか、気絶したり逃げたり大騒ぎ。そこへやってきて、「やあ、ごきげんならいおんくん」と声をかけてくれたのは、飼育係の息子フランソワでした。大人たちに遠巻きに見守られながら、肩をよせあって動物園に帰る二人のかっこいいこと。わかりあえる友だちの、痛快でさわやかな結末です。

あくたれラルフ

ジャック・ガントス さく、ニコール・ルーベル え
いしいももこ やく <童話館出版>

セイラはお行儀のいい女の子。でも、セイラのネコのラルフは、とんでもないあくたれ。それでもセイラはラルフが大好きですが、家族そろって見にいったサーカスで大暴れしすぎたラルフは、怒ったお父さんに置きざりにされ、サーカスでこき使われることに。さすがのラルフもへこたれて、サーカスを脱走。夜の裏町で怖い思いをしたあと、迎えにきてくれたセイラに、家へ連れ帰ってもらいます。この絵本は、ラルフみたいな腕白坊主より、むしろ、枠からはみだせないような子に効き目抜群。友だちは「自分とはちがう」からこそすてきなんだと、実感させてくれます。

きみなんかだいきらいさ

ジャニス・メイ・ユードリー 文、モーリス・センダック 絵
こだまともこ やく <冨山房>

扉には、にらみあう二人の子ども。でも、ぼくがなぜジェームズがだいきらいか、理由を並べるのを聞いていると、仲直りしたい気持ちが見え見えです。あげくのはてには、絶交を申し渡すためという口実で、雨のなか、わざわざ会いに出かけます。ぶつかりあってけんかになるのも、ほんとのなかよしだからこそ。むしゃくしゃしながらも、仲直りのきっかけがほしい子どもの気持ちがよくわかり、子どもたちも、ちょっとくすぐったい思いで自分を振り返ることができます。

友だちは「似たもの同士」とはかぎりません。全然ちがうのに、どこかで通じあえるからこそ、それぞれの世界へ案内しあって、フィールドを広げていけるのが、友だちのありがたさです。けんかから仲直りまでの心のドラマを体験できるのも、本当の友だち同士だからこそ。友だちっていいもんだなあと、心から思える絵本を、読んであげましょう。

いたずらきかんしゃちゅうちゅう

バージニア・リー・バートン ぶん・え
むらおかはなこ やく ＜福音館書店＞

いつも客車や貨車を引っ張って、決まった路線を走っていた機関車のちゅうちゅうは、もっと自由に走ってみたくなり、機関士さんたちが出発準備をする前に、一人で突っ走りはじめます。最初は痛快でしたが、やがて使われていない線路にはいりこんで動けなくなり……。子どもたちは、夢を実行に移すちゅうちゅうに共感するとともに、機関士さんたちが助けにきてくれて、無事を喜んでくれることにほっとします。

ねことおんどり

うちだりさこ ぶん、おのかおる え ＜福音館書店＞

ロシアの昔話の絵本。いたずらをして、おばあさんに叱られたネコとオンドリが、家出をして森のなかで暮らしはじめます。兄貴ぶんのネコがたきぎをとりにいくあいだ、留守番役のオンドリは、からかいの歌をうたうキツネの挑発に乗って、何度もさらわれては、ネコに助けられます。子どもたちは、気持ちのままにふるまうオンドリに共感しつつも、助けてくれるネコのかっこよさにあこがれ、最後はおばあさんが喜んで迎えてくれることに、大きな喜びを味わいます。

いたずらが子どもを育てる

子どものすばらしい個性を、大人はついつい見逃しがちです。そんな個性の一つにいたずらがあります。いたずらは、考えてみれば、思いついたことは試してみたいという実験精神や、いろんな能力を習得したい気持ちのあらわれ。子どもはいたずらをとおして、どんどん成長しているのです。

ひとまねこざる

H.A.レイ 文・絵、光吉夏弥 訳 <岩波書店>

子ザルのジョージは、動物園を抜け出し、ビルの窓ふきの仕事にありつきますが、窓のなかのペンキ塗りがおもしろそうで……なんでもついやってみるのは、好奇心旺盛な子どもそのものですが、身の軽いジョージのすることは、スケールがちがいます。冒険の過程で出会ういろんな人たちが、みんな温かいのもこの絵本の魅力。最後に、ジョージが出演した映画が完成すると、迷惑をかけられた人も、みんな上きげんで見にきてくれます。

子どものいたずらの多くは、相手を困らせるためにしているのではなく、やってみたくてたまらなくてやっていること。でも、大人にそれを笑って受け止める余裕がないと、子どもはそのことをいち早く察知し、好奇心にふたをして、いい子に徹してしまいがちです。そんな子どもの心を解放してくれるのが、これらの絵本。『ひとまねこざる』を読んだお父さんが、「あれ、こんな子、うちにもいるぞぉ」と、おおらかに語りかけてくれたら、最高ですね。

自分を見つける

自分を、ちょっと離れたところから冷静に見るような目は、いつごろから育ってくるのでしょう。もちろん、ふだんはそんなことを意識してはいませんが、ふとしたときに、自分も含めたその場の光景を客観的にながめているような気がした記憶が、みなさんのなかにも残っていないでしょうか。日々出くわすいろんなことに、泣いたり、笑ったり、怒ったり、喜んだり、悲しんだりしている自分を、そっと見守ってくれるもう一人の自分を持つことは、生きていく上で、とても大きな意味を持ちます。

わたし

谷川俊太郎 ぶん、長新太 え ＜福音館書店＞

わたしはわたし。でも、「おとこのこからみるとおんなのこ」だし、「赤ちゃんからみるとおねえちゃん」。わたしはいつもおなじなのに、見る人によって全然ちがったふうに見えているというのは、たいへんな発見です。そのことが逆に、ほかの人からの見え方に左右されない、そして、自分で思っているのともまったくちがう、「客観的なわたし」の存在に気づかせてくれます。自分を客観視できる目を育てるというのは、とても大切なこと。この絵本は、その一歩をふみだすきっかけになります。

あまがさ

やしま・たろう ＜福音館書店＞

モモは3つの誕生日に、あまがさと長靴をもらいました。早くさして歩きたいのに、雨はなかなか降りません。ようやく雨になった日、モモはかさをさし、かさの上で雨がかなでる不思議な音楽を聞きながら、幼稚園に向かいます。この絵本は、大きくなったモモが、もう記憶にないその日のことを考えるところで終わります。はじめてかさをさして歩いたその日は、モモが生まれてはじめて、大人と手をつながずに一人で歩いた日だったのです。

あおい目のこねこ

エゴン・マチーセン さく・え、せたていじ やく
<福音館書店>

主人公は、「ねずみのくに」を探している青い目の子ネコ。途中で、そろって目が黄色いネコたちに出会い、のけものにされたりもしますが、「なんにもなくても、げんきでいなくちゃ」といつも前向きです。最後にひょんなことから「ねずみのくに」を見つけ、みんなに「きみは、へんてこなねこどころか、とてもすてきなねこだなあ」と認められるなりゆきは、みんなに合わせなくてはとちぢこまっている子どもを解放してくれるでしょう。

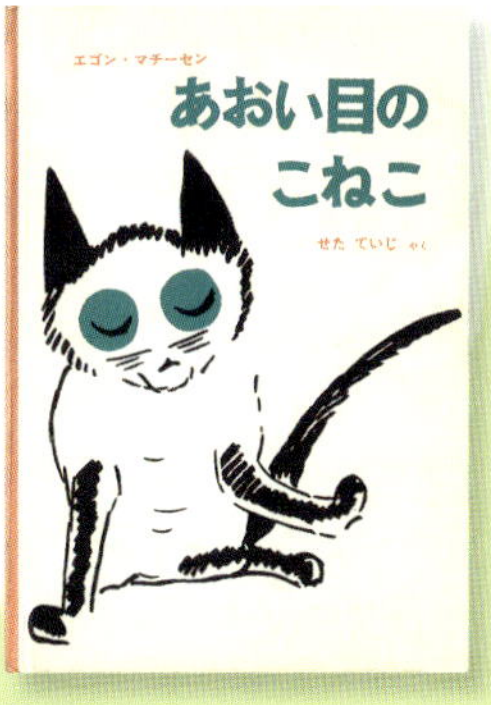

ピーターのいす

E・ジャック・キーツ さく、きじまはじめ やく
<偕成社>

妹が生まれ、自分のものだったベッドがピンクにぬりかえらるなど、気に食わないことだらけのピーターは、お気に入りのいすを持って、家のすぐ外まで家出をします。でも、すわろうとしたら、おしりがはいりません。いつのまにか大きくなっていた自分に気づいたピーターは、お兄ちゃんになったことにうれしさを感じはじめ、自分から、いすもピンクにぬろうとお父さんに提案します。

あな

谷川俊太郎 作、和田誠 画 <福音館書店>

日曜日、ひろしは地面に穴を掘りはじめます。見にきた家族や友だちが、いろんなことをいいますが、ひろしは相手にせずに、ただ掘り続けます。やがてひろしは穴の底にすわりこみ、「これはぼくのあなだ」と思い、なかから空を見上げます。しばらくして外に出たひろしは、今度は穴をのぞきこみ、それから埋めはじめます。へんてこなのに、これに引きこまれる子どもが少なくないのは、ほかのだれでもない自分をつかもうとしている感覚に、しっくりくるからかもしれません。

絵本には、自分という存在を意識するきっかけを与えてくれるものがあります。あるいは、薄々わかりかけてきていることを、はっきりつかみ取らせてくれる絵本と呼ぶべきかもしれません。どこがおもしろいのかわからないのに、なぜかドキドキさせてくれて、自分がこれまでとは確かにちがっているような気がしてきて、忘れられない絵本たちです。

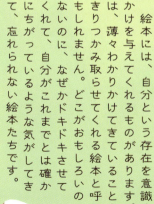

これがぼく、これがわたし

ほかのだれでもない、そのままの自分が、まわりの人たちに丸ごと受け入れられているという実感を持つことは、いま、子どもだけでなく、大人にとっても、非常にむずかしくなっているようです。このまんまの自分でいいんだと思える感覚を、自己肯定感と呼びますが、それをしっかりと育んでくれる絵本は、いまの時代になくてはならない存在です。

いっぱい　やさいさん

まどみちお 文、斉藤恭久 絵 ＜至光社＞

「きゅうりさんは、きゅうりさんなのが　うれしいのね」にはじまって、さまざまな野菜たちがつぎつぎに登場、「すずしそうな　みどりのふくに、きらきら　びーずを　いっぱい　つけて」などと、それぞれのすてきなところを、詩人ならではの表現でほめてもらいます。これを読んだあと、「〇〇ちゃんは、〇〇ちゃんなのが　うれしいのね」といってあげると、子どもがどれほどうれしそうな顔をするか、ぜひ試してみてください。

おいで、　フクマル

くどうなおこ さく、ほてはまたかし 絵 ＜小峰書店＞

「おーい　おいで」とだれかに呼ばれて生まれてきた、イヌのフクマル。抱いて連れてきてくれたお父さん、「てつがくしゃ」みたいな目だといってくれたお母さん、蝶やアリやスコップ、小鳥や蜜蜂や風など、出会う何もかもに、「ぼくを　よんでくれたの？」と問いかけます。遊んでくれるお兄ちゃん、お姉ちゃん、地球、お日さま……出会うすべてのものに歓迎されていると感じる喜びにあふれています。

このまんまの自分が、何の条件もつけずに、まるごと受け入れられているという喜ばしい感覚は、詩人の言葉によってこそ、ストンと心に落ちるように表現できるものかもしれません。子イヌが、ちぎれそうな勢いでしっぽを振るときの気持ち……いまの子どもたちは、そんな喜びに出会えているでしょうか？

社会に目を向ける

子どもを囲む四つの層

子どもを取り囲む世界は、四つの層からなると考えることができます。いちばん内側にあるのは、家庭という層。家族との濃密なかかわりが、子どもの育ちを支えます。二つ目は、子どもが直接かかわる複数の場の、ゆるやかなネットワークという層。園、地域、お店、親戚などが、家庭と結びつきます。三つ目は、大人の世界。会社や自治体などからなる社会の仕組みは、子どもと直接交流はしませんが、子どもの世界に大きな影響を与えています。それらを取り囲む四つ目の層が、文化です。豊かな文化と安定した社会は、子どもが安心して育つために不可欠です。それらに守られた第二の層こそ、子どもが直接、社会に触れて、学びを深めていく場です。子どもはそこで、家族以外の大人と出会っていきます。

子どもには、社会を変える力がある

大人は、子どもには何かを「してあげる」ものだと考えていますが、子どもは、社会とかかわることによって、自分たちのほうから社会を変えていく力を持っています。

園からお散歩に出た子どもたちが、地域の小さな集会所の前を、かわいくあいさつしてとおっていくので、そこに集うお年寄りたちは、次第に子どもたちの行列を楽しみにするようになりました。やがて、大きな大根をお土産にもらったり、お年寄りたちの盆踊りの練習に子どもたちも飛び入りで参加したりと、交流が芽生え、いまや園の子どもたちは、お年寄りたちの日々の暮らしに欠かせない存在になっています。

仕事へのあこがれ

観察好きの子どもは、あこがれの大人が仕事というものをしているらしいと気づきはじめます。はじめは、家のなかで見るお母さんの家事が主ですが、やがて社会に目を向けるようになり、さまざまな仕事に触れ、遊びのなかで再現しはじめます。

3歳の子どもたちのアイスクリーム屋さんごっこ。「いらっしゃいませー」と、元気に呼びこみをしていますが、じきにみんなが店員さんになって、お客さんはいなくなってしまいました。やりたがりの気持ちがこんなふうにあらわれます。4歳になると、お金とアイスクリームを交換することがおもしろくなって、レジも遊びのなかに登場します。100円のアイスクリームを買ったら、「1万円のおつりでーす」と大きなお金がもどってきました。どんどん買ってほしいという気持ちがあふれていますね。5歳の子のお店に行くときは、ポイントカードをお忘れなく。ハンコを押してもらえます。チラシを配って宣伝をしたり、売り切れそうになれば、バックヤードでアイスクリームを作ったり、手分けもしっかりできています。5歳ともなれば、仕事の成り立ちを理解しはじめるのです。

ルールを知ってはいるけれど

3歳児は、信号の渡り方などの簡単な交通ルールを、しっかり覚えます。4、5歳くらいになると、行き慣れたレストランでの注文の仕方を、はじめてのレストランでも応用する力を発揮します。そんなふうに、社会のいろんなルールはわかっているのに、おもちゃの使い方一つできょうだいゲンカをはじめる子どもたちに、お母さんはため息をつくやら、あきれるやら。

それは、知っていることとできることは、べつだからです。心にブレーキをかける「抑制」という脳の力は、2歳くらいからゆっくり発達していきますが、好奇心のほうが先に走り出すので、いろんな気持ちと折り合いをつけていくのがむずかしいのです。

じゃあ、きつく叱ればいいかというと、それは逆効果。「罰」を怖がるばかりでは、抑制の力は鍛えられません。まずは大人が、かっこよくふるまう見本を見せて、子どもの観察眼を刺激しましょう。あんな大人になりたいな、というあこがれを育てるのが、いちばんの早道です。

認知地図を広げる

子どもは次第に、自分のまわりの世界の「認知地図」を、頭のなかに作り上げていきます。おおよその方向、距離などの要素は組みこまれていますが、正確とはいえません。歩いて5分かかる公園だって、心のなかの距離が近ければ、お隣にあるように感じますし、道路わきの薄暗い空き家は、はてしなく奥の深い魔女の館だと信じているかもしれません。ちょっとした貯水池に亀がいたら、さっそく亀の池と名前がつきます。子どもはそんなふうに、散歩や遊びをとおして出会った人・物・出来事を、頭のなかのものさしを使って整理しながら、自分を中心とした世界の地図を描いていきます。

絵本などに出てくる地図に関心を持つようになるのも、この時期です。5歳になると、遊びのなかに、地図を使った宝探しごっこのアイデアも出てくるようになります。まだまだそれは、地図を描いた本人にしか解読できないようなものですが、そんな遊びもまた、子どもの認知地図を整理していくのに役立つようです。

はたらく

子どもは、「はたらくこと」を、社会のなかで出会った大人や、絵本の登場人物たちから学んでいきます。会社勤めのお父さんについては、なかなか働くイメージを持ちにくいようで、おままごとのお父さんは、お出かけしたら出番がなくなってしまいます。子どもたちは、お父さんの仕事に、おおいに関心を持っています。ときには、どんなことをしているのか、子どもにお話してみては？

ペレのあたらしいふく

エルサ・ベスコフ さく・え、おのでらゆりこ やく
<福音館書店>

　いつも着ている服が小さくなってしまったペレは、自分のヒツジの毛を刈って、それで服を作ることにします。刈った毛は、すいて、つむいで、染めて、織って、ぬわなくてはなりません。ペレにできたのは、刈ることと染めることだけ。ほかの工程は、まわりの大人たちに頼み、かわりに自分にできる仕事を引き受けて、せっせと働きます。働くペレにあこがれた仕立屋さんのおちびさんたちが、自発的にお手伝いをはじめる場面も、お見逃しなく。新しい服を着たペレが、毛の短くなったヒツジにお礼をいうのを、手伝ってくれた大人たちが、温かく見守ってくれています。

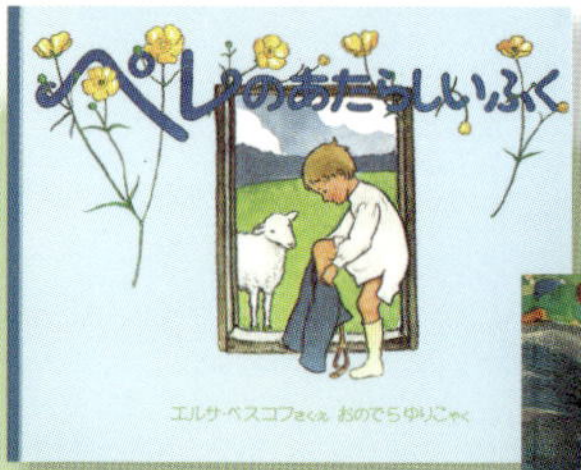

ぐるんぱのようちえん

西内みなみ さく、堀内誠一 え
<福音館書店>

　ゾウのぐるんぱは、せっかく働きに出たのに、ビスケット屋さんでも、お皿作りの店でも、靴屋さんでも、ピアノ工場でも、自動車工場でも、大きすぎるものを作って「もうけっこう」といわれてしまいます。でも、子だくさんのお母さんに子どもたちの世話を頼まれたのをきっかけに、それまでに作った品物を活用して幼稚園を開き、大成功。あきらめないで探せば、自分にぴったりな仕事は必ずあるし、経験はむだにはならないということですね。

ちいさいきかんしゃ

ロイス・レンスキー　ぶん・え、わたなべしげお　やく
＜福音館書店＞

小さな蒸気機関車の絵本です。機関士のスモールさんが、機関庫から出した機関車を転車台で方向転換させ、助士のショーティさんが炭水車に水や石炭を補給するところからはじまって、お客さんや貨物を乗せて大きい町の駅に到着するまでを、ていねいに描いていきます。蒸気機関車は古いけれど、石炭から出る熱で作った蒸気の力で動かすという原理が、子どもにも理解しやすいのがいいところ。いろんな危険が伴うこともわかり、車掌のリトルさんも含めた三人の、きっちりした仕事ぶりが、とても頼もしく思えます。

汽車を走らせるには、どれだけの仕事が必要なのか、一枚の上着を作るには、どれだけの工程があるのか、小さい子どもにもわかる形で見せてくれる絵本は貴重です。一人一人のする仕事が、みんなの役に立ち、喜んでもらえている様子を知れば、自分もいつか、何かの仕事をして、みんなに喜んでもらいたいと思えるようになってきます。

助けあいの社会

いろんな人たちが働く様子を観察しているうちに、子どもたちは、どうやらこの世界は、それぞれができることをして、助けたり助けられたりすることで、まわっているらしいと気づいていきます。おままごとも、最初は、一つの家庭や一つのお店のことにかぎられていますが、次第に、ピザ屋さんがお家に配達にきたり、お家の隣に病院ができたりと、小さなごっこ遊びのユニット同士がつながりはじめます。

かもさんおとおり

ロバート・マックロスキー ぶんとえ
わたなべしげお やく <福音館書店>

　カモのマラード夫妻が、ボストンへ巣作りにやってきました。あちこち探した末に、川中島でひなをかえし、みんなが歩けるようになったら、いい餌のもらえる公園の池に引っ越すことにしました。以前からなかよしのおまわりさんが、みんなに連絡して交通整理をしてくれて、引っ越しは無事に完了。空を飛ぶカモの視点から見た町の様子は、子どもたちに、社会全体を見渡す手がかりを与えてくれます。

こんにちは トラクター・マクスくん

ビネッテ・シュレーダー 文・絵、矢川澄子 訳
＜岩波書店＞

クラースさんの農場に、新しいトラクターのマクスがやってきました。年取った馬のフロリアンは、友だちができることを楽しみにしていましたが、マクスは仕事を全部一人で片づけて、あとは知らん顔。でも、春の大雨でぬかるんだ畑で動けなくなり、クラースさんとフロリアンに助けてもらいます。マクスとフロリアンが大のなかよしになっての収穫の光景は、最高に幸せです。

はたらきもののじょせつしゃ けいてぃー

バージニア・リー・バートン ぶんとえ、いしいももこ やく ＜福音館書店＞

けいてぃーは、キャタピラーつきの赤い立派なトラクターで、除雪機をつけると雪かきもできます。町に大雪が降ってすべてが麻痺したとき、けいてぃーは力強く雪をかいて進み、警察や郵便局や駅や消防署を、次々に救い出していきました。雪かきが進むにつれて、道が少しずつ掘り出され、私たちの暮らしを支えてくれる町のいろんな施設がよみがえり、町にどんどん命が通ってくるのがわかります。

それぞれが自分の仕事を誠実に行うことで、まわりから感謝されたり、いいところを認められたりするお話は、子どもをとても喜ばせます。なぜなら、子どもは本来、人の役に立つのが大好きだからです。

ルールとマナー

ルールは、たとえやっかいでも、そうしないと世の中がうまくまわっていかないもの。マナーは、無視することもできるけれど、心得ておいたほうがカッコいいし、生きていく上で便利なもの。ルールは、わかりやすくきちんと教えてあげることが必要ですし、マナーは、大人がいいお手本を示して、あんなふうにできたらカッコいいなと、あこがれてもらうのが早道ですね。

たろうのおでかけ

村山桂子 作、堀内誠一 え ＜福音館書店＞

今日はなかよしのまみちゃんの誕生日。たろうは花とアイスクリームを持ち、イヌやネコたちといっしょに出かけます。ついつい走ったり、信号のないところで横断しかけたりすると、大人たちから「だめだめだめ」と声をかけられます。でもみんな、たろうの急ぎたい気持ちをわかってくれて、それでもあぶないからだめと、きちんといってくれるので、頭ごなしに叱られるのとはちがって、納得して従うことができます。がまんにがまんを重ねて、ようやく走ってもいい原っぱに出たときのうれしさは格別。向こうに見えるまみちゃんの家へ向かって、いちもくさんです。

たろうのばけつ

村山桂子 さく、堀内誠一 え ＜福音館書店＞

たろうは空き缶で作ったバケツを、得意になってお母さんに見せ、そのあとネコやイヌやアヒルやニワトリに自慢して歩きます。するとみんなが、次々にバケツを借りたがり、たろうは用途をたずね、気をつけてねといいながら貸してあげます。ところが、最後に借りにきたネコが、バケツをなくし……。大切なものは貸したくないのが当然で、それでも貸すのが親切。借りたときは気をつけて使うのが当然。そんな貸し借りのルールやマナーが、楽しみながら学べますし、借りることには責任が伴うことも実感できます。

そんなとき　なんていう？

セシル・ジョスリン 文、モーリス・センダック 絵
たにかわしゅんたろう 訳 <岩波書店>

竜に襲われて、勇敢な騎士に助けられたら？　うしろ向きに歩いていて、ワニにぶつかったら？

飛行機で貴婦人を訪問しようとして、屋根に穴を開けたら？　こんなに突飛でおしゃれな設定なら、「どうもありがとう」「すみません」「ごめんなさい」などとあいさつするのも、とてもカッコいいことに思えてきます。押しつけられたらまっぴらごめんの礼儀作法も、こんなふうに気取って遊べば、楽しく身につきそうです。

おてがみちょうだい

新沢としひこ 作、保手浜孝 絵 <童心社>

ウサギのピッチは、リスやタヌキやクマが、友だちやおばあちゃんからすてきな手紙をもらったのを見て、自分も手紙がほしくなります。だったらまず自分から書いてみたらと、郵便屋のヤギのおじさんに勧められたピッチが、さっそくみんなに招待の手紙を書くと……。個性的な文字に絵も添えたみんなからのお礼状は、ピッチの宝物になることまちがいなし。手紙のやりとりや訪問のマナーは、やっかいでもあるけれど、楽しみを何倍にもしてくれることが、よくわかります。

ルールもマナーも、言葉だけでは子どもには伝わりません。絵本なら、主人公に共感しながら、出来事をとおして体験できるので、自然に納得できます。体験といっても、ルール違反に罰を与えて脅したりするのはもってのほか。こんなふうになりたいな、すてきだな、と思えるモデルに、出会わせてあげましょう。

頼もしい大人

子どもにとって、かわいがってくれる両親の存在が大切なのはもちろんですが、その両親をはじめとする大人たちが、社会のなかでどんなふうに生きているかを観察するのも大事なことです。問題が起こっても、あわてず騒がず解決できる大人たち、生きていくのに必要な仕事を着々とこなす大人たちの様子をウォッチングすることは、子どもの安心感の土台を築く上で、とても大きな意味を持ちます。

ねこのオーランドー

キャスリーン・ヘイル 作・画、脇明子 訳
<福音館書店>

ネコのオーランドーは、子どもたちをキャンプにつれていくために、飼い主と交渉して、休暇を獲得。車を運転して、家族5ひきで出かけます。テントを張り、魚のとり方を教え、ハイキングの帰りにはいちばんのちびさんをリュックに入れ、キャンプファイアを焚いてギターを弾くなど、理想のお父さんぶり。帰るとさっそく、「さあ、仕事だ、仕事だ」とネズミを追い払いにかかります。人間だと、ちょっとかっこよすぎですが、ネコなので、ほれぼれとながめていられます。

もりのこびとたち

エルサ・ベスコフ さく・え、おおつかゆうぞう やく
<福音館書店>

森に住む小人の子どもたちは、冬にそなえて草の実を集めたり、キノコを干したりのお手伝いをしながら、遊びにも大忙しです。お父さんがマツカサのよろいを着て、ヘビ退治をするのを見物していた子どもたちは、さっそくアリを相手にまねしてみます。お母さんは、みんなで集めたワタスゲの綿毛をつむいで、温かいセーターや帽子を編んでくれます。冬は火のそばでお父さんのお話を聞き、春になるとさっそく小川のほとりに出て、大はしゃぎ。暮らしがこんなふうなら、子どもは頼もしい大人たちのすることにあこがれ、生きるために必要なことをどんどん学んでいけるんですね。

親類づきあいや地域のつきあいが、めっきり少なくなって、子どもたちは、頼もしい大人たちの存在を実感できなくなっています。お父さんやお母さんも、ふだん子どもに見せるのは、優しい顔かくたびれた顔で、誇りを持って社会を支えている頼もしい顔は、めったに見せてくれません。絵本は、子どもたちに大人の頼もしさをしっかりと伝え、安心感を養ってくれます。

おちゃのじかんにきたとら

ジュディス・カー 作、晴海耕平 訳 ＜童話館出版＞

ソフィーとお母さんがお茶を飲みかけたところに、ひょっこりたずねてきたのは、一頭のトラ。とても礼儀正しいのはいいけれど、テーブルの上にあったものはもちろん、冷蔵庫や戸棚のものまで全部食べ、飲み物も全部飲み、蛇口から出る水まで全部飲んでしまいます。トラがお礼をいって立ち去ったあと、帰ってきたお父さんは、あわてずさわがず、レストランへ行こうと提案し、翌朝ソフィーと買い物に出たお母さんは、どっさりの食べもののほかに、タイガーフードの缶詰まで買いました。大人がこんなふうに、何事もおおらかに受け止めてくれたら、子どもも落ち着いていられますよね。

ふたごのゴリラ

ふしはらのじこ 文・絵 ＜福音館書店＞

ゴリラのマパとパサは、ふたごなので、みんなみたいにおかあさんを独占できないのが、つらいところ。でも、追いかけっこをしていて、知らない森で夜になったときには、ふたごでよかったと思いました。朝、帰ろうとしていたら、大きいものがやってくる音が……。立ちすくんでいたら、現れたのは、いつもは怖くて近づけなかったおとうさんでした。群れを率いている大きなおとうさんの、頼もしい背中に乗って、２ひきはおかあさんのところへ帰ります。

きんいろあらし

カズコ・G. ストーン さく ＜福音館書店＞

大きなヤナギの木の下で、なかよく暮らしている虫たち。ヤナギの葉が黄色くなった秋の日、大嵐がやってきて、クモのセカセカさんが、身体をくくりつけていた葉っぱごと、飛ばされてしまいます。池に浮いているのを、トンボが知らせてくれますが、仲間の虫たちはだれも泳げず、助けられません。でも、アリのぼうやが池の番人のカメを見つけて頼んだら、「おーや、すーい、ごーよ、う」と助けてくれました。このカメキチおじいさんの頼もしいこと。大人ってやっぱりすごいなと、尊敬を新たにすることうけあいです。

ご近所さんは社会への架け橋

大人にとってご近所づきあいは気苦労が多いけれど、子どもには、ご近所さんとの交流がとても大切。見守ってもらったり、ちょっとしたことを教えてもらったり、助けてもらったり、ときにはお小言をもらったり、親でも先生でもない大人たちとの交流は、子どもたちを少しずつ外の社会へといざなってくれます。

おべんとうだれとたべる?

あずみ虫 さく・え <福音館書店>

クマさんが、大きなシャケサンドと、小さいニンジンサンドを作って、おべんとう箱に詰めて、あれ、クマがニンジン食べるの？　と思ったら、ウサギたちを誘ってピクニック。同様に、おばあちゃんは鳥たちを、ネズミたちはタヌキを誘います。子どもたちは、大きさも中身もいろいろなおにぎりを 24 個も作り、それまでに出てきた全員をさそって、お花見に。それぞれが自分にぴったりなおにぎりをうれしそうに食べている光景の、あったかいこと。こんなご近所づきあいを、体験させてあげたいですね。

ご近所というのは、職業も、年齢も、考え方も、非常にまちまちな人たちの集まり。なかには気むずかしい人もいるけれど、たいていの人が、近所で育つ小さな子どもたちを、温かい目で見守ってくれています。ひょっとすると、子どものほうから誘ってみたら、喜んでつきあってくれる人がいっぱいいるかもしれません。

しげみむらおいしいむら

カズコ・G・ストーン さく <福音館書店>

しげみむらは、花粉や蜜を集める虫たちが、「のはらのおかしや」を開くむら。そこへ、やなぎむらのアリの坊やに誕生日のケーキを届けてほしいと注文がきました。さっそくみんなは花びらで飾ったきれいなケーキを作り、おとしぶみさんにしっかり包んでもらい、ハチのふたごが配達に行くことになりました。途中でトラブルも起こりますが、出会ったイモリさんが助けてくれて、無事に配達をやりとげ、喜んでもらえました。がんばる子どもたちを、ご近所の大人たちが適切にサポートしてくれているのが、すてきです。

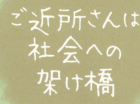

地理に強くなろう

どこへ行くにも、すぐナビに頼ってしまってはいませんか？ナビは便利ですが、それでは、何度行ききしても、目隠しされて連れて行かれているのとおなじです。地図は、目的地への道筋を自分で決められるだけでなく、そのまわりのこともいろいろわかり、探険意欲をそそります。園やお家からお散歩に出るときにも、子どもといっしょに地図を確かめてみましょう。物語の本にも、『エルマーのぼうけん』や『宝島』など、わくわくする地図が出てくるものがいろいろ。絵本で地図が大好きになれば、それが読書へのいい橋渡しになります。

ぶたぶたくんのおかいもの

土方久功 作・絵 <福音館書店>

ぶたぶたくんは、はじめて一人でお買い物に。２軒の店でお使いをすませたら、その先のお菓子屋さんで好きなものを買っていいというので、大喜び。一本道を行って帰るだけだと思っていたら、途中で出会ったカラスと子グマに、お菓子屋さんから帰るなら、引き返すより先へ行くほうが近道だと、不思議なことをいわれます。カラスと子グマは途中でそれぞれの道へ別れていき、一人になったぶたぶたくんが不安になりながら歩いていくと、ほんとに反対側から家に着きました。最後に出てくる地図を見ると、道がぐるっと輪になっていたことがわかり、おおいに納得するのと同時に、地図と実際の道を照らし合わせてみるのが大好きになるでしょう。

地図が出てくる絵本は、いろんな場所で見える景色と、上空から広い範囲を見渡したときの場所同士の関係を、照らし合わせるおもしろさを教えてくれます。これまでに出てきたものでも、『かもさんおとおり』や『ねこのオーランドー』や『はたらきもののじょせつしゃけいてぃー』などは、そんなふうにも楽しめるように工夫された絵本です。

サラダとまほうのおみせ

カズコ・G・ストーン さく <福音館書店>

やなぎむらの虫たちは、イモムシのモナックさんのお店のサラダが大好きでしたが、やがてモナックさんは蝶に変身して旅立ち、ある日、たちあおい村で結婚式をするという招待状が……。虫たちは届いた地図を頼りに歩いていき、ハプニングがあるたびに、だれかの特技を活かして乗り越えます。楽しいパーティのあと、帰り道に地図をなくして途方に暮れますが、月の出を待って丘にのぼると、カタツムリの通ったあとが光る筋になっていて、無事に帰れました。いまみんながいる場所が地図のどこなのか確認してみたり、丘からの景色を地図と見比べてみたり、地図のおもしろさや便利さがよくわかります。

トラブルは
チャンス！

できる気がする

大人には、自分がどれくらいの高さから飛び下りられるか、おおよその見当がつきますが、子どもは平気で高いところから飛び下りようとします。それは、幼児の場合、自分の能力についてモニターする力が発展途上で、実際にできることと、できるはずだと思っていることとのあいだに、ギャップがあるからです。「できるはずだと思っていること」を、「自己効力感」といいます。

そんなギャップがあっては危なっかしいかぎりですが、「できる気がする」という誤解は、自分には能力があるという自信につながり、自尊感情の大きな柱となります。また、この誤解こそが、新たな冒険や挑戦を生み出し、持っている力をさらに伸ばすように後押しするのも事実です。

実際、木登りをはじめたばかりの子どもを観察してみると、危なっかしいのは最初のうちだけで、しばらくすると、枝のしなり具合を足で確かめて、自分の身体の重さに耐えられる枝かどうかを見分けられるようになりますし、雨に濡れた幹にどうつかまればいいかも覚えていきます。最初は「できる気がする」という誤解ではじまった大挑戦が、やがては、「ほら、できたよ！」という確かな自信を生み出していくのです。

安心と冒険と

子どもが元気いっぱいに世界を広げていけるのは、お母さんという心の安全基地があるから。怖かったり、心細くなったりすれば、いつでも飛んで帰って抱きしめてもらえばいいとわかっているからこそ、子どもは新たな冒険に挑戦できるのです。２歳のうちは、お出かけのときお母さんといっしょでないと安心できませんが、3歳をすぎると、友だち同士でいられる時間がだんだん長くなり、好奇心のおもむくままに散歩コースからそれていくので、お母さんがひやりとすることも……

もし安全基地に囲いこまれたままで、危険の匂いをかぐことすらなかったら、自分で危険を避けたり、対処したりする力は身につきません。子どもは冒険をとおして、新たな発見をし、さまざまな身体の使い方を習得していくのです。

とはいっても、お母さんのそばから離れられない子もいます。子どもにも体験派あり、観察派ありで、学び方の個性もいろいろ。もし、お母さんのかげに隠れて、わくわくとまわりを観察しているようなら、冒険に足を踏み出すときがくるのを待ちましょう。おびえているようなら、どこかに不安の種をかかえているのかもしれません。そんなときは、無理に背中を押したりせずに、まずはゆったりと親子の時間をすごしましょう。

子どもは本来、前向き

子どもは、自分の能力を高めに見るだけでなく、「自分はいい人間で、いつも楽しく、みんなぼくのことを好きでいてくれる」と、何事もポジティブにとらえる傾向があることが知られています。また、大きくなったらあんなこともこんなこともできるはずだという、確かな成長のイメージも持っており、こうした傾向は、「幼児楽観主義」と呼ばれます。

ところが最近、保育の現場から、「何事にも挑戦したがらない」「人のことを批判したがる」「自分は大きくなれないと不安に思っている」などと、子どもの悲観主義的傾向を危ぶむ声が上がってきています。これは、まわりからの評価を気にしがちな大人が、子どもを競わせ、評価の目にさらすことから生じる負の産物ではないでしょうか。大人こそ、子どもを見習って、もっとおおらかに楽観的に自分を信じることからスタートしなおす必要があるのかもしれません。

トラブルはないほうが不思議

うちの子は、園で友だちとけんかをせずに、なかよくすごしているだろうかと、親は心配しがちです。

でも、「自分」という存在をどんどんつかみつつある子ども同士が、ぶつかりあわないほうが不思議。友だち同士のトラブルを切り抜けるのがうまい子どもは、目の前の状況を分析する視点が柔軟で、問題解決のレパートリーが広く、いろんな視点から自分の行動をモニターできることが知られています。こうした社会的スキルは、問題解決の場面に出くわした数だけ磨かれていくのですから、トラブルはあって当然、それこそが成長の糧なんだと割り切りましょう。

5歳ともなると、トラブル解決のための話し合いをとおして、どちらもが納得できる解決方法を見つけ出せるようになりますし、当事者でないおなじ5歳児が、第三者として当事者たちからいい分を聞き、仲裁役を務めることさえできるようになってきます。子どもは子どもの輪のなかで育っていくのです。

エピソードは、問題解決に役立つ貴重なデータ

「ぼくが小さかったころね」などと、昔のことを話題にするようになるのは、4歳をすぎてから。「まだ小さいのに」と、思わず抱きしめたくなります。でもこれは、過去の自分を振り返れるようになった、成長の印。確かに「小さかったころ」より、ぐんと大きくなっているのです。

心に残った過去の出来事は、細部の情報が時間の流れに沿って整理され、「エピソード記憶」として、記憶のデータベースに蓄えられます。新たな課題に出会ったとき、そこから問題解決のヒントを見つけだしたり、失敗を回避するための教訓にしたりすることができます。

例えば、4歳のみぃくんが鼻にビーズを詰めてしまった大騒動は、みぃくんが床に転がっていたビーズを指ではじいて遊んでいた場面から、大騒動の後、お医者さんの助けでビーズがポロッと鼻から飛び出し、みんなが大笑いしたところまでが、一連の記憶です。このエピソードは、丸いものを鼻に詰めると大変だぞと思い出させ、困ったときにはだれに頼ればいいかというヒントも与えてくれます。

失敗にまつわるほろ苦い思い出は、将来の問題解決のための貴重なデータ源。もちろん、結末ではほっとできて、思い出すたびにおもしろがれるエピソードが理想的ですね。

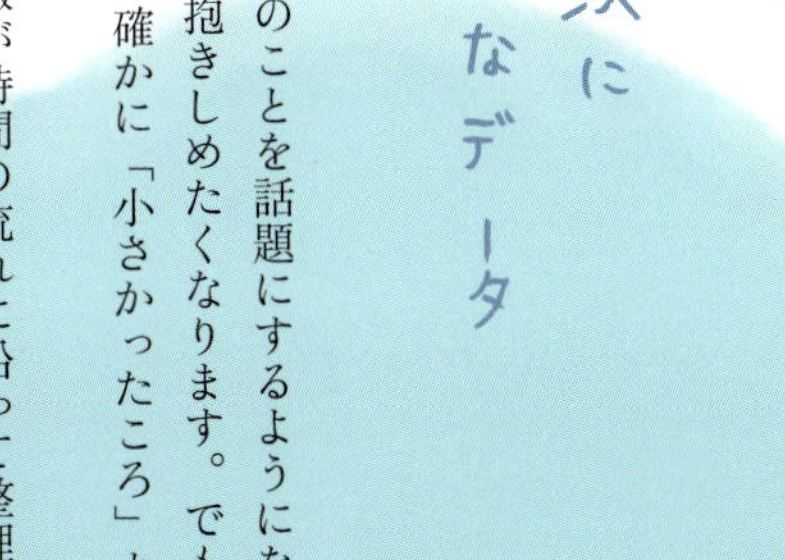

冒険の手ごたえ

好奇心を出発点に、子どもはさまざまな冒険に出かけます。といっても、大人には、ちょっとした探索にしか見えないかもしれません。しかし、そんな体験のなかで、子どもは心を大きく動かし、新たな世界を知り、そして、ひとまわり大きくなった自分と出会っているのです。

こねこのぴっち

ハンス・フィッシャー 文・絵、石井桃子 訳
<岩波書店>

リゼットおばあさんの家に生まれた子ネコたちは、やんちゃざかり。でも、ぴっちだけは、みんなのいたずらには加わらず、「ぜんぜんちがうこと」を求めて出かけます。ニワトリやヤギやアヒルやウサギの仲間入りをして、いろんな経験をしますが、夜、怖い思いをして悲鳴をあげたら、おばあさんが聞きつけて助けてくれました。そのあと病気で寝こんだら、知り合った動物たちがぞろぞろとお見舞いにきてくれて、元気になったときには、庭で大パーティー。冒険したからこそ得られた仲間との絆が、最高の満足感を味わわせてくれます。

ピーターラビットのおはなし

ビアトリクス・ポター さく・え、いしいももこ やく
<福音館書店>

お母さんに「マグレガーさんとこの　はたけにだけは　いっちゃいけませんよ」といわれても、大好きな野菜を食べにいかずにはいられないピーターの気持ちに、子どもは心から共感できます。見つかって逃げるピーターに感情移入して、生き抜くための必死の努力をともに体験できるのは、動物のお話だからこそ。これが人間だと、深刻すぎます。命からがらもどってきたピーターは、寝こんでしまいますが、叱られたとは書かれていないのがうれしいところ。体験からの学びは、叱っていい聞かせるより、はるかに効果的です。

チムとゆうかんなせんちょうさん

エドワード・アーディゾーニ さく、せたていじ やく
<福音館書店>

　船乗りになりたくて、こっそり船にもぐりこんだチム。見つかって送り返されるかと思いきや、「ただのりだから、そのぶんだけ　はたらかなければいかん」といわれるところで、聞いている子どもの背筋がぐぐっと伸びます。こき使われるうちに「ちびにしては、なかなか」と認められ、最後には、難破した船からいっしょに救助された船長さんも連れて、家族の待つ家へ帰ります。世の中の厳しさも、力いっぱいがんばることの手応えもわかるこの本は、子どもたちを勇気づけることまちがいなしです。

さんまいのおふだ

水沢謙一 再話、梶山俊夫 画 <福音館書店>

　山へ行った小僧が鬼婆に食われそうになる昔話ですが、便所の神さまがおふだをくれて逃がしてくれたり、そのおふだで大山や大川、大火事が出たり、やっと寺に帰り着いた小僧が、早く開けてくれと頼んでいるのに、和尚さんがのんびりしていたり、冒険のハラハラドキドキがたっぷり詰まっています。基本的におなじお話の絵本がいろいろありますが、これは語り口もいいし、絵もひょうひょうとしていて怖すぎないので、お勧めです。

　子どもがふだんやれる冒険はささやかですが、絵本のなかにはもっともっとスケールの大きい冒険や、命がけの冒険が詰まっていて、怖い思いもできれば、危機一髪のところをくぐり抜けた喜びも味わえます。絵本でそんな体験をすれば、日常のささやかな冒険も、想像力で大冒険にふくらませることが可能になります。冒険は絵本のお話の基本の一つ。これまでに取り上げた絵本にも、『アンガスとあひる』『いたずらきかんしゃちゅうちゅう』など、冒険の絵本がいろいろあります。

力をあわせて

子どもたちは、遊びのなかでも、日々の暮らしのなかでも、困ったことがあると友だち同士で知恵を出しあい、助けあいを行うようになります。そして、問題を見事に解決できたときには、大きな喜びを分かちあいます。

ブレーメンのおんがくたい

ハンス・フィッシャー え、せたていじ やく
<福音館書店>

グリムの昔話の絵本。年をとって飼い主に見捨てられたロバが、ブレーメンへ行って音楽隊にはいろうと思い立ち、道中で出会ったおなじ境遇のイヌ、ネコ、オンドリと力をあわせて、どろぼうたちのすみかだった家を手に入れ、幸せに暮らすというお話です。ページをめくるたびに仲間が増え、色彩もにぎやかになっていき、どんどん元気がわいてきます。

たんじょうび

ハンス・フィッシャー 文・絵、おおつかゆうぞう 訳
<福音館書店>

今日はリゼッテおばあちゃんの 76 歳の誕生日。おばあちゃんに飼われているネコ、イヌ、ヤギなどの動物たちは、おばあちゃんが村へ出かけているあいだに、みんなで相談してお祝いの準備をはじめます。大好きな人が驚いたり喜んだりする顔を想像しながら、自分たちで工夫してお祝いの支度をするのは、自分が祝ってもらう以上にわくわくするもの。おばあちゃんが感激して泣く場面では、何度読んでも涙が出そうになります。

絵本は問題解決の宝庫。親しんでおけば、トラブルが起こったときに逃げずに立ち向かう勇気の大切さや、力をあわせればやっかいなことでも解決できるという見通しを、持たせてくれます。問題解決のアイデアも、ユニークで多彩。現実離れしたお話でも、発想を柔軟にしてくれます。

ふわふわふとん

カズコ・G・ストーン さく <福音館書店>

冬を迎えたやなぎむら。虫たちは、あたたかいふとんになるものを探しにでかけます。途中で、霜柱から降りられなくなったハサミムシを助けたら、ふわふわの綿毛が詰まったガガイモの種のことを教えてくれました。みんなはそれを見つけ、運んで帰りますが、とちゅうで雪になり、困っていると、野ネズミさんが手伝ってくれました。いろんな出会いがつながって問題解決に至る満足感と、種から飛び散ったふわふわの綿毛の美しさが一つになって、心が温かくなります。

オンロックがやってくる

小野かおる 文・絵 <福音館書店>

南の海にうかぶトルトル島の男の子たちは、元気がよすぎて、いつもみんなを困らせてばかり。とりわけ腕白なトコに困りはてたお母さんは、つい、森にすむ魔物のオンロックに、「わるいこつれにきておくれ」と叫んでしまいます。オンロックがきたら食べられると、とほうにくれる男の子たちに、知恵者のおじいさんがいいことを教えてくれます。みんなは力をあわせてがんばり……。歌のやりとりも楽しく、自然にオンロックごっこへと発展することも。怖さに元気よく立ち向かっていく腕白坊主たちから、大きなエネルギーをもらえます。

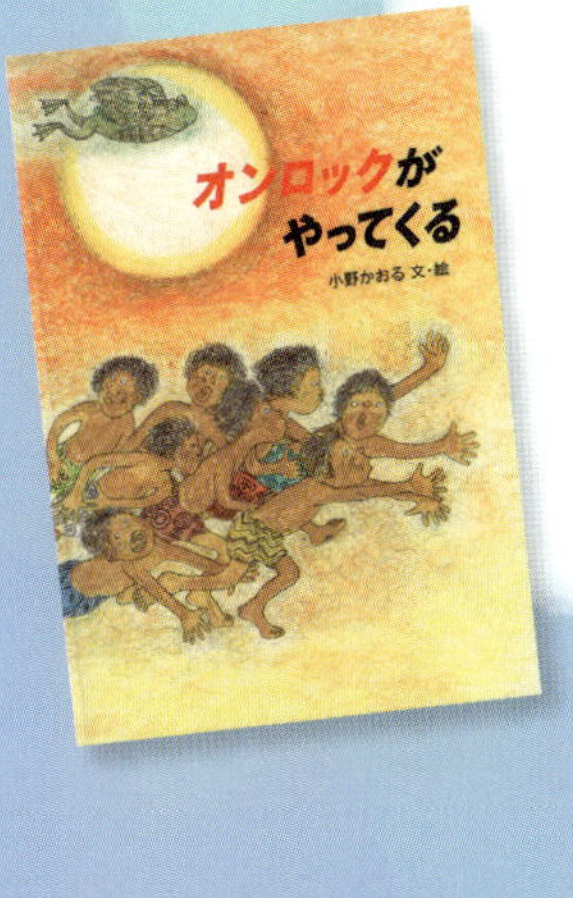

人生、何が起こるかわからない

子どものうちは、おだやかな毎日がいつまでも続きそうに思えるもの。でも、そうそうのんびりしてばかりはいられません。突然何かが起こっても、動じないで対処していけるように、絵本のなかでいろんな体験をしておくことも大切です。幸い、絵本には、主人公たちがたくましく危機を乗り越え、元気に生きていくものがたくさんあります。

ころころころ

元永定正 さく <福音館書店>

　カラフルな色玉が斜面やでこぼこ道などを転がっていくこの絵本は、赤ちゃんにとっては、自分の身体もそれにつれてよいしょ、ぴょんぴょんなどと動いているように感じる絵本ですが、少し大きくなってから見ると、ふとそれが、これからの人生を暗示しているかのようにも思えてきます。順風満帆に転がっていくときもあれば、あらしに飛ばされたり、でこぼこ道で苦戦したり……。でも、いろんな色の仲間たちがいるから、大丈夫、なんとかなる、という気がしてきます。

しずくのぼうけん

マリア・テルリコフスカ さく、うちだりさこ やく
ボフダン・ブテンコ え <福音館書店>

　主人公は、なんと、バケツから飛び出したひとつぶのしずく。汚れたのをきれいにしてもらおうと、せんたくやや病院を訪ねた末に、お日さまに照らされて雲のところへのぼり、雨に、氷に、小川の水に、水道の水に、蒸気に、つららにと、どんどん姿をかえていきます。岩のすきまにはまって、「このままここでしんじゃうのね」と嘆いていたら、凍ったおかげで岩を割って飛びだすなど、まさに人生、何が起こるかわかりませんね。

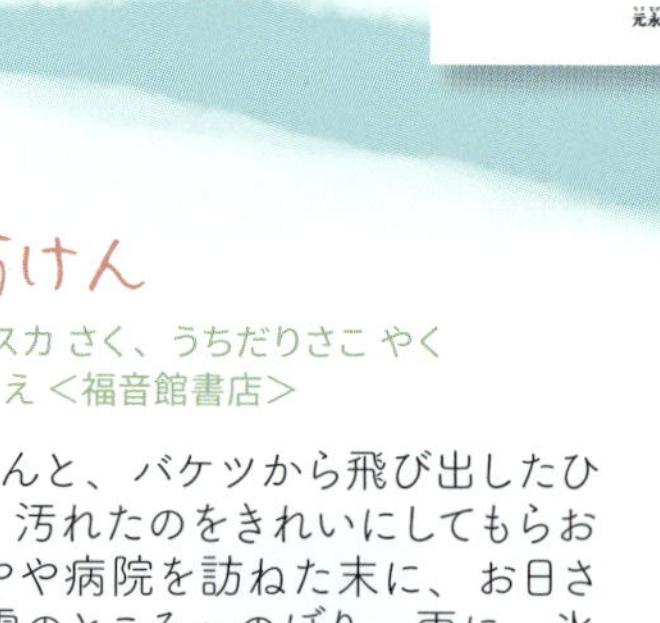

りすのパナシ

リダ・フォシェ 文、フェードル・ロジャンコフスキー 絵
いしいももこ 訳編 ＜童話館出版＞

　リスのパナシは、大きなもみの木の上で、３びきのきょうだいたちといっしょに、頼もしい両親からいろんなことを学びながら暮らしていました。とりわけ大切なのは、尻尾の手入れを怠らないこと。それは、高いところから身軽に飛び下りるためなのです。ところがパナシは、ある日人間につかまります。やがてなんとか逃げ出しますが、家族は人間を恐れて引っ越したあとでした。でも、じきに、キイチゴをつみにきたかあさんが、パナシの匂いに気づいてくれました。

すてきな 三にんぐみ

トミー＝アンゲラー さく、いまえよしとも やく ＜偕成社＞

　主人公は恐ろしい武器を持った三人組のどろぼうたち。馬車を襲って、宝をざくざくためこんでいます。ところが、ある晩襲った馬車に乗っていたのは、みなしごのティファニーちゃん。意地悪なおばさんのところへ行くはずだったので、喜んでついてきて、宝の山を見つけ、「これ、どうするの？」とたずねました。何の考えもなかった三人組は、ティファニーちゃんの提案に従って、お城を買い、みなしごたちを集めていっしょに暮らすことに。どろぼうが、理想の孤児院経営なんて、まさに自分でもびっくりですよね。

絵本のなかでドキッとする出来事が起こると、子どもたちはさっと緊張し、心配そうな顔になりますが、じきに不安はほどけ、やがて満足そうな笑顔が広がります。困ったことやつらいことがあったからこそ、いまの喜びがあるという経験を重ねておくことは、とても大切です。

なんとかしなくちゃ

大人はしょっちゅう子どもに向かって「がんばれ」というけれど、がんばるエネルギーは、自分自身が「なんとかしたいぞ」「なんとかしなくちゃ」と思っていないと、わいてくるはずがありません。まずは「なんとかしたいぞ」という思いを育てること。その思いさえあれば、「がんばれ」なんていわなくても、自然にがんばる力がわいてきます。

子どもはみんな、できないことだらけであたりまえ。でも、つい、みんなにはできるのに、どうして自分は……とあせりがちです。プンタくんやウルスリのがんばる姿は、そんな子どもたちに、よーし、自分だって、という希望と勇気を与えてくれます。

しのだけむらのやぶがっこう

カズコ・G・ストーン さく ＜福音館書店＞

夏になると竹薮のなかでは、蚊と蛾の子どもたちのための「やぶがっこう」が開かれますが、蚊のプンタくんは「プゥーン」という音が出せず、蛾のパタコさんは怖くて飛べません。２ひきとも、七夕の花びら短冊に願いごとを書き、そのあと、飾りつけをしていたら……蚊も蛾も好かれる虫ではありませんが、1ぴき1ぴきの思いと行動が、ちゃんと描き分けられているので、その悩みに共感し、克服の過程をいっしょに体験して、喜びを分かち合うことができます。

ウルスリのすず

ゼリーナ・ヘンツ 文、アロイス・カリジェ 絵
大塚勇三 訳 ＜岩波書店＞

ウルスリはスイスの山村に住む男の子。明日はみんなが鈴を持って行列する春祭りの日ですが、小さいウルスリは小さい鈴しか借りられませんでした。悔しくてたまらないウルスリは、山小屋に大きい鈴があったことを思い出し、まだ雪の深い山道を一人で登っていきます。鈴はありましたが、疲れはてて山小屋で寝てしまい、村ではみんな大騒ぎ。両親は眠れない夜をすごしますが、ウルスリは、朝、元気にもどってきて、特大の鈴で行列の先頭に立ちます。両親の心配ぶりをしっかり見せはするけれど、叱る場面はないというのが、すてきです。

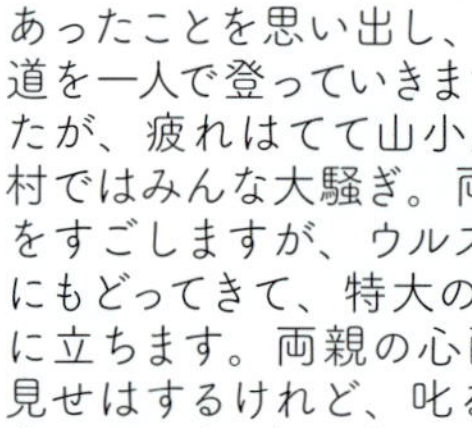

小さくても知恵があれば

遊んでいて、「いいこと考えた！」と声をはずませるようになるのは、4歳をすぎるころから。まったく新しい思いつきが頭のなかにふっと浮かんでくること自体が、うれしくてたまらないかのようです。知恵のひらめきさえあれば、強い者にも、身体の大きい者にも勝てるというのは、子どもにとって、なんとうれしい発見でしょう。

どんどん自己主張ができるようになった子どもたちは、小さいからと半人前扱いされるのが、悔しくてたまりません。だから、小さくて非力な主人公が、知恵で相手を出し抜くお話は、いつだって大歓迎です。

しずかなおはなし

サムイル・マルシャーク ぶん、うちだ りさこ やく
ウラジミル・レーベデフ え ＜福音館書店＞

ハリネズミの親子が夜の散歩に出かけ、2ひきのオオカミに出会いますが、丸くなって針を逆立てていたら、やがて猟師の鉄砲の音がし、オオカミたちはあわてて逃げていきます。「ちいさなこえでよむおはなし」という一行からはじまり、ハリネズミの足音が「とぷ　とぷ　とぷ」と表現されるなど、ハラハラする内容なのに、不思議に心静かに聞けるのが魅力。オオカミにつつかれても、転がされても動じないぼうやの落ち着きが、聞き手にも乗り移ってくるようです。

マーシャとくま

ロシア民話、E. ラチョフ え、M. ブラトフ さいわ
うちだりさこ やく ＜福音館書店＞

森へキノコやイチゴをとりにいったマーシャは、みんなとはぐれて、クマの家で働かされることになります。逃げられないマーシャは、村にいるおじいさんとおばあさんにおまんじゅうを届けることをクマに頼み、つづらのなかに自分もはいって、かつがれていきます。途中でクマに見つからないかと、はらはらしますが、かしこいマーシャはうまく立ちまわって、間抜けなクマをまんまとだまし、家に帰り着きます。怖いけれどもちょっと間抜けなクマを、小さな女の子がまんまとだます痛快さは、子どもたちをおおいに勇気づけます。

三びきのこぶた

イギリスの昔話、ポール・ガルドン 絵、晴海耕平 訳
＜童話館出版＞

3びきの子ブタは、家が貧しいので、自立するために世の中へ出ていきますが、わらや木の枝で家を建てた子ブタは、すぐにオオカミに食べられてしまいます。これは、世の中はそれくらい厳しいんだよというメッセージです。幸いレンガで家を建てることができた子ブタは、オオカミに何度も狙われながらも、うまく逃げて、しまいにはオオカミをやっつけます。これは、運に恵まれるだけでなく、しっかり頭も働かせれば、弱い子ブタがまんまとオオカミを出し抜くことだって夢じゃないという、力強いエールです。

ハッピーエンドはやる気の源

子どもはとにかくハッピーエンドが大好き。自分たちで作ったお話の最後には、「めでたしめでたし」と、お決まりの言葉を添えます。困難をくぐり抜けた先に待つハッピーエンドの体験は、次のやる気につながります。

シンデレラ

マーシャ・ブラウン ぶん・え、まつのまさこ やく
＜福音館書店＞

昔話では、主人公の気持ちなどはあまり語られないのがふつうですが、ペロー童話をもとにしたこの絵本では、自分も姉さんたちみたいに舞踏会に行きたいとあこがれる少女の気持ちが、ひしひしと伝わってきます。控え目な色づかいの絵は、上品で温かく、シンデレラの飾り気のない気立てのよさにぴったり。ハッピーエンドを心から喜ぶことができます。

ねむりひめ

フェリクス・ホフマン え、せたていじ やく
＜福音館書店＞

グリムの昔話を忠実に絵本化した、昔話絵本の傑作です。誕生のお祝いに招かれなかった女に呪いをかけられた姫が、15 歳になったときに糸つむぎのつむで指をさして眠りにつき、百年後にやってきた王子のキスでめざめるというお話ですが、ホフマンは、お話がどんどん流れるべきところでは絵を軽くし、姫が百年の眠りについた場面では、いばらに覆われた城をじっくり見せるなど、じつに周到な配慮をしています。最後を大きなケーキでしめくくったのも、子どもたちにハッピーエンドの喜びを実感させるうまい工夫です。

クリスマス人形のねがい

ルーマー・ゴッデン 文、バーバラ・クーニー 絵
掛川恭子 訳 ＜岩波書店＞

　クリスマスなのに、赤ちゃんのための施設以外に行くところのない孤児のアイビーは、「あたし、おばあちゃんのところへ行くんだ」と空想して、知らない町をさまよいます。その町のおもちゃ屋さんのウインドウには、クリスマスなのに売れ残った、お人形のホリーがいました。ガラスごしに出会った二人は、お互いをひと目で好きになりますが、どちらも、ただ願うことしかできません。いくつかの視点から、かわるがわる語られる物語をたどっていくと、その全部が合わさるところに、最高のハッピーエンドが待っているのがわかってきて、次第にわくわくしてきます。

納得できるハッピーエンドの喜びをしっかり味わった子どもたちは、行く手にハッピーエンドが待っていると予感すれば、そこにたどりつくまでのつらい道のりを、主人公の内側にはいって歩きとおせるようになります。そして、つらさをくぐり抜けてきたからこそ、ハッピーエンドがより輝かしくなるのだということを、感じ取るようになります。

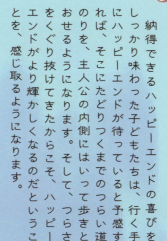

考える力

心が育ってきたからこそ 嘘も飛び出す

「あのね、ママがね、パパがいいっていったら、アイスクリーム買ってきていいって」といわれたパパが、新聞を読みながら「ふーん、いいよ」と生返事をしたら、さっそくママのところへ飛んでいって、「ねえ、パパがね、アイスクリーム買ってこいって！」という女の子。

「いつのまに嘘つきになったの」と、青くなる方もおいでだと思いますが、「よしよし、心が育ってきたぞ」と受け止めるのが、発達心理学の立場。パパとママ、それぞれの心の動きを読んだ上で、一貫したストーリーを作り出し、パパのお人好しな性分まで計算に入れているのですから、たいしたものです。

こんな力は4歳くらいから身につき、ちゃんと役を演じるごっこ遊びに活かされたり、困っている友だちを助けるのに役立ったりもします。子どもの嘘に気づいたら、「あら、パパがアイスクリームなんて、珍しいわね」などと不思議がってみせて、子どもが嘘をどう発展させるかを楽しむくらいの余裕を持つのが、この時期を切り抜ける秘訣です。

笑いとユーモア

いつも笑いにあふれているのが、子どもとの暮らし。幼いうちは、くすぐり遊びや「いないいないばあ」くらいでも、身体全体で喜びを表現してくれます。1歳をすぎると、本人が大まじめでやっていることが、大人から見るとほほえましくて、笑ってしまうことが増えますが、人を笑わせようと、わざとおもしろいことをやるようになるのは、やはり4歳くらいから。それは、何が「ふつう」かがつかめてきて、それとのずれをおもしろがれるようになったからこそです。考えてみれば、嘘がつけるのも、「ほんと」がつかめているからこそですね。

笑いや、それを生み出すユーモアは、生活にうるおいを与えてくれますが、うっかりするとだれかを見下して笑うことにもなりかねないのが、むずかしいところ。笑いは興奮をもたらし、いっしょに笑った人たちの結束を固めますが、そのぶん外に対しては排他的になることは、心に留めておきたいものです。

まずは頭のなかを整理整頓

子どもはいつも、脱いだ服や使ったおもちゃを、散らかしっぱなし。お母さんがため息をつきたくなるのも、もっともですが、じつは子どもたちは、頭のなかで、整理整頓のまっさいちゅうで、とても忙しいのです。

たとえば「イヌ」は、ぼくんちのシロがそうだし、「イ」のつく言葉の仲間だし、ネコとおなじく動物だし……と、新たな言葉一つ一つが、いろんな分類項目に書きこまれて、複雑なネットワークを作り上げていきます。この時期の子どもが、しりとり遊びや、言葉の仲間分け遊びが大好きなのは、そんな整理整頓にとても役立つからなのでしょう。

数の大小や形についても、子どもたちは分類が大好き。浜辺で貝殻をたくさん拾ったら、色別、模様別、大きさの順などに、何度も分類しなおすのが、4歳をすぎた子どもたち。こんな性質があるおかげで、新しくはいってきた情報が、効率よく整理されて、記憶にとどまりやすくなるのです。

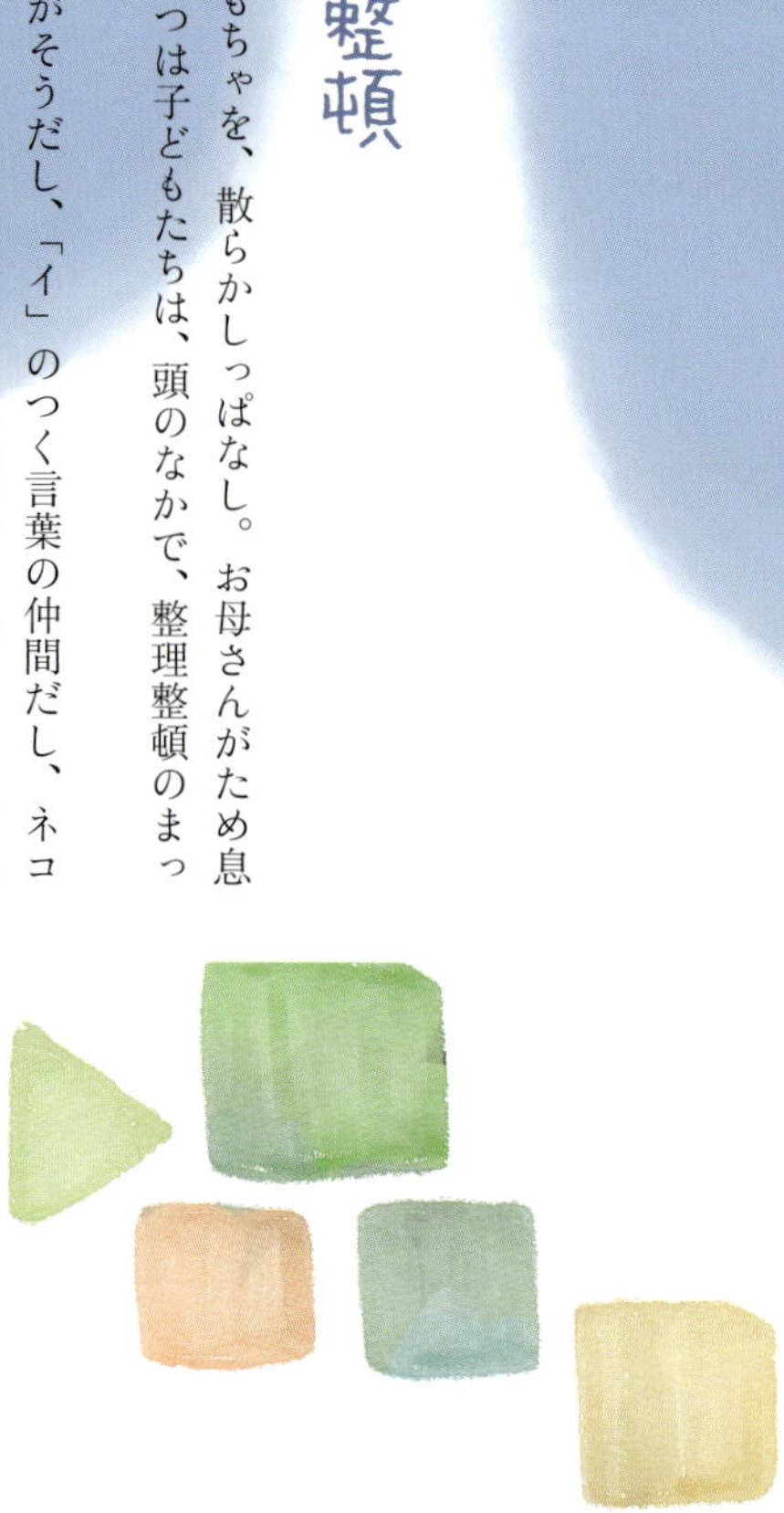

ファンタジーも現実も両方わかる

積み木を電車に見立てたりする「象徴能力」のことは、すでにお話ししましたが、子どもは成長するにつれて、その「象徴能力」を道具のように使って、現実世界をよりダイナミックにとらえたり、ファンタジーのエッセンスを加えて遊びを盛り上げたりできるようになります。

3歳から5歳までの子どもが輪になって、「からす　かずのこ　にしんのこ　おしりをねらって　カッパのこ」のわらべうた遊びをしていました。鬼におしりをたたかれた子は、カッパの仲間になる遊びです。3歳の女の子の不安そうな顔を見た5歳の子が、「大丈夫よ。ほんもののカッパにはならないから」と、小声でいいました。3歳の子はとたんにおしりを引っこめましたが、5歳の子は早くカッパになりたくて、楽しそうにおしりをふっていました。5歳の子には、ファンタジーと現実とが区別しにくい3歳の子の不安もちゃんとわかるし、ファンタジーのなかで遊ぶ楽しさも、心得ているんですね。

心が読めるからおもしろい

3歳くらいまでの子どもは、まわりの人たちも、自分とおなじように思い、おなじように感じていると信じて疑っていないかのように、悠々と生きています。「どうやらそうではないらしいぞ」とわかってくるのが、4歳のころ。そうなると、まわりの人たちの心のなかを読み取ろうと、観察したり、推測したりしはじめます。

ロージーのおさんぽ

パット・ハッチンス さく、わたなべしげお やく
<偕成社>

　めんどりのロージーが、いつものコースを悠々とお散歩。じつはそのうしろでは、ロージーを狙うキツネが、池に落ちたり、粉まみれになったりと、いろんな災難に遭っていますが、ロージーは気がつかないし、文でも何も語られません。この絵本のおかしさは、読み手である自分にはわかっていることが、ロージーにはわかっていないんだと理解できてこそ味わえるもの。それがわかりはじめた子どもには、いろんなことがどんどん見えてくる手応えが、うれしくてたまらない絵本です。昔話ではないけれど、昔話の常連であるキツネが、昔話絵本への道案内役にもなってくれます。

ずいとんさん

日本の昔話、日野十成 再話、斎藤隆夫 絵
<福音館書店>

　小僧のずいとんさんが、一人でお寺の留守番をしていると、いたずらキツネがからかいにきて、追いかけっこの末、御本尊さまそっくりに化けてしまいます。どちらがキツネか見分けるために、ずいとんさんが考えたのは、上手な嘘をついて、キツネをだますこと。これは、相手の頭や心のなかが推測できていないと、できないことです。そんな推測力が身につきはじめた子どもたちには、なるほどと納得できて、とても楽しめます。

おだんごぱん

ロシア民話、せたていじ やく、わきたかず え
<福音館書店>

おばあさんが焼いて、ひやすために棚に置いておいたおだんごぱんが、転がって家を飛び出し、ウサギやオオカミやクマにつかまりそうになっては、逃げていきます。「ぼくは、てんかのおだんごぱん……」という得意げな歌が、その経験を盛りこんでどんどん長くなるのが、語りで楽しむ昔話ならではのおもしろさです。でも、最後に出てきたキツネは、一枚うわ手。お世辞を使って、まんまとおだんごぱんをだまします。幼い子どもは最後でびっくりしますが、少し大きくなると、キツネのたくらみが読めるようになって、「あっ、思ったとおりだ」と納得します。

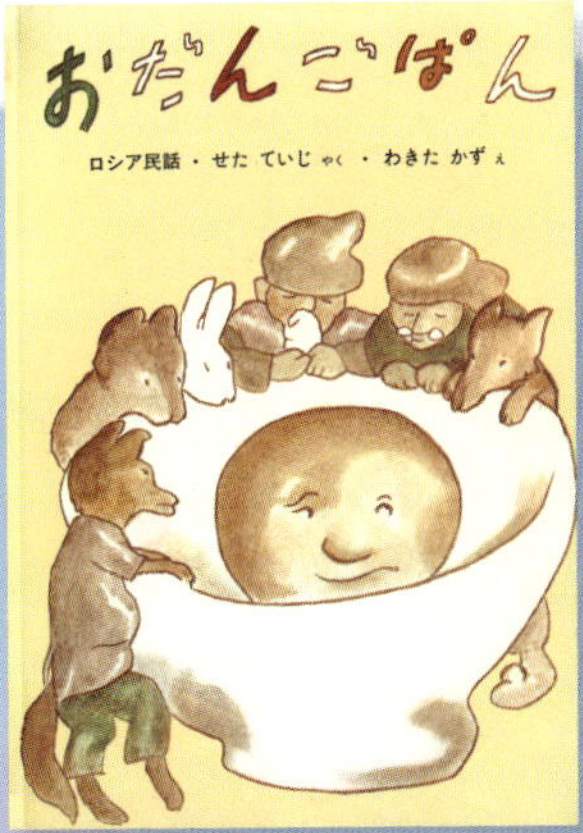

「心を読む」という力の働きを、幼い子どもにもストンと納得させてくれるのが、食うか食われるかのかけひきをめぐる昔話。子どもには怖いのではと心配なさる方もおいでかと思いますが、昔話はカラッとしているので大丈夫。心が読めはじめた子どもたちは、自分が手にした力がどれほど大きな意味を持っているかを実感して、喜びに顔を輝かせます。生きるか死ぬかのお話でなら、嘘の効用を学んでおくのも、必要なことですよね。

ぼくに気づいて

まわりの人の心が読める、ということは、まわりから自分がどう見えているかも、気になりだすということ。そのせいで、新たな心配ごとも生まれてきます。段ボールをかぶってロボットになりきったタカシくん。あんまり見事だったので、お片づけの時間に先生が、なりきりにおつきあいして、「タカシくんはどこへ行っちゃったのかな」と探すふりをしたら、タカシくんのあわてたのなんの。段ボールを脱ぎ捨てて、「ぼくを燃やさないで」と訴えたそうです。先生の目には、ちゃんとこのぼくが見えてるんだろうかと、急に不安になったんですね。

どろんこハリー

ジーン・ジオン ぶん、マーガレット・ブロイ・グレアム え
わたなべしげお やく ＜福音館書店＞

　ハリーは黒いぶちのある白いイヌですが、外で思う存分遊んだら、すっかり汚れて、白いぶちのある黒いイヌになってしまい、家へ帰っても、ハリーだとわかってもらえません。いつもの芸当をしてみせてもだめで、ついにハリーは、大きらいなお風呂で洗ってもらおうと、隠したブラシを掘り出して、家に駆けこみます。飼い主一家がほんとにハリーに気づかなかったのか、からかっていただけなのかは、読み方次第ですが、「わかってもらえないかも」というハリーの不安は、子どもにはとても共感できるものです。

子どもはごっこ遊びが大好きですが、特に幼いうちは、大人がそれに乗ってくれすぎると、ちょっと心配にもなってくるもの。それは、大人までが「ごっこ」の世界にはいってくると、「ほんと」の世界が消えてしまいそうな気がするからでしょう。そんな気持ちをうまく受け止めてもらい、安心させてもらいながら、子どもたちは少しずつ、ごっこの世界と現実とを行きき するこつを学んでいきます。

こぐまのくまくん

E・H・ミナリック 作、モーリス・センダック 絵
まつおかきょうこ 訳 <福音館書店>

４つのお話からなる幼年童話。そのうちの「くまくんのつきりょこう」は、月に着いたつもりのクマくんが、「ぼくのうちとそっくりなうち」へはいっていったら、ちゃんと心得ているかあさんグマが「ちきゅうからいらしたくまさんですか？」と迎えてくれて、やりとりをしているうちに、急に不安になる、というお話です。ごっこ遊びが楽しめるようになったばかりの幼い子どもの気持ちが、見事にとらえられています。

かしこいビル

ウィリアム・ニコルソン さく、まつおかきょうこ やく
よしだしんいち やく <ペンギン社>

ビルはメリーのお気に入りの兵隊さんの人形。なのに、おばさんの家へ泊まりに行くために、ああでもないこうでもないと荷造りをしていたメリーは、最後の最後にビルを入れ忘れてしまいます。トランクからはみだしたビルが、声を出すことも動くこともできずに発する、「ぼくに気づいて」という訴えは、いつもおなじ思いをかかえている子どもたちの熱い共感をそそります。みんなの切実な思いによって命を吹き込まれたビルは、起き上がって走り出し、めでたくメリーに再会します。

「ふつう」から飛び出して

まわりを観察する力が育って、「ふつう」ということがつかめてきた子どもたちは、うっかりすると、「ふつう」の枠にとらわれて、遊びざかりの5歳児なのに、発想が広がらなくなることがあります。そんなときには、「ふつう」を揺さぶる遊びやしかけを提案してあげましょう。子どもたちも、じつは「ふつう」の窮屈さにとまどっていることも多く、大喜びでためこんでいたエネルギーを爆発させます。そんななかから、新しい、自由な発想も生まれてきます。

ふしぎなナイフ

中村牧江 さく、林健造 さく、福田隆義 え
＜福音館書店＞

写実的に描かれた1本のナイフが、「まがる」「ねじれる」などの言葉とともに、どんどん形を変えていきます。「おれる」「とける」などはすぐにわかりますが、「ちぎれる」「ふくらむ」となると、想像がつきませんよね。ほんとにありうることと、ありえないこととの区別がついてきてこそ、楽しめる絵本ですが、日常では考えられないことを真剣に想像してみるというのは、ひょっとすると科学的思考の第一歩なのかもしれません。

ぼくのくれよん

長新太 おはなし・え ＜講談社＞

子どもより大きな、太い丸太のようなくれよんは、ゾウのくれよん。それでゾウが、「びゅーびゅー」と描く絵は、想像をさらに上回るダイナミックさです。幼い子どもの絵はのびやかでダイナミックですが、対象物がちゃんと観察できるようになってくると、絵がすっかりちぢこまって、チマチマしてしまうのもよくあること。そんな子どもたちを解放して、「びゅーびゅー」と描く楽しさを取りもどさせてくれる絵本です。

おなかのかわ

瀬田貞二 再話、村山知義 絵 <福音館書店>

　ネコとオウムがごちそうに招きあうところからはじまる、ほら話。大食いのネコが、大ごちそうだけでは足りずに、オウムを食べ、出会った人を食べ、しまいには王さまの大行列まで呑みこんでしまいます。でも、最後に食べたカニが、おなかのなかから皮を切って、みんな元気にぞろぞろ出てきます。しめくくりは、へこんだおなかを自分でぬい合わせているネコの、ちょっと情けなさそうな姿。「なんでもあり」ではなく、ありえないお話だからこそ、大まじめに展開するのが、おもしろさの鍵ですよね。

カニ　ツンツン

金関寿夫 ぶん・元永定正 え <福音館書店>

　北米先住民の詩の研究者であった作者が、先住民の言葉や、イタリア語の単語や、いろんな擬音語などを自在にちりばめ、抽象的でユーモラスな絵と組み合わせた絵本。「ピイヒャラ　ピイパッパ」「キンタ　クンタ」「ツンツン　チャラララ」と、調子のいい言葉が祭り囃子のように奏でられるなかに、「モチ　チイテ　ヤオ　テバ　ニゲロ」と、「ネズミのもちつき」の昔話みたいな言葉が混じっていたりして、「ん？」と耳をそばだてさせます。

常識破りの絵本を選ぶのは、大人にはとりわけむずかしいこと。単なる「なんでもあり」なのか、子どもの心や頭に新鮮な風を吹きこんでくれるものなのか、子どもの喜びっぷりを、しっかり観察してみてください。

自然は空想のゆりかご

いま、私たちの多くは、自然からすっかり切り離されて暮らしていますが、人間の五感や頭脳は、自然相手に生きてきた長い年月のなかで発達してきました。ですから、さまざまな感覚や能力が育つ幼児期に、自然とかかわるのは重要なこと。森に一歩足を踏み入れると、子どもの感性はとたんに鋭敏になります。森の入り口でクモの巣を見つけて、綿菓子のように指に巻きつけ、くんくん嗅いで、「甘い匂いがする！」とつぶやく子。さらに深く森にはいって、棒切れが落ちているのを見つけ、「魔女のほうきだ」と怖がる子。小石の山を見て、「小人のおうちがある」と喜ぶ子……。自然に包まれると、子どもの空想は、翼を得たように羽ばたきはじめます。

もりのなか

マリー・ホール・エッツ ぶん・え、まさきるりこ やく
<福音館書店>

ぼくが森へ散歩にいくと、ライオンやゾウやクマやカンガルーが、次々に現れ、「ついてっていいかい」と、次第に長くなる行列に加わります。それぞれのふるまいや、話し方、持ちものなどに、個性が現れているのも魅力。みんなで遊んで、最後のかくれんぼでぼくがおにになり、「もういいかい」と目を開けたら、動物たちはいなくて、お父さんが迎えにきてくれていました。ぼくが肩車で帰っていったあとの最後のページは、だれもいない森の情景。そこに何が隠れていると空想するかは、読み手の子どもたちの自由です。

てぶくろ

エウゲーニー・M.ラチョフ え、うちだりさこ やく
<福音館書店>

おじいさんが森のなかに落としていった手袋に、最初はネズミ、次にカエルと、いろんな動物たちがはいり、最後にはクマまではいったけれど、おじいさんが気づいて引き返してきたので、みんな逃げてしまった、という、ウクライナの昔話です。動物たちそれぞれの個性が光る会話も愉快ですが、絵ではさらに、住人が増えるにつれて、手袋に土台やテラスや煙突や窓がついて、どんどんすてきな家になる様子が楽しめます。こんなことが起こるのも、森のなかだからこそ。これを読んでもらった子どもたちは、ふと見ると、自分の手袋をうっとりながめていたりします。

人工的な風景は、言葉で説明しやすいのに対して、自然というのは、五感をフル稼働させてもとらえきれないほど、複雑で豊かなもの。子どもたちには、自然から思いっきり学ぼうとする本能がそなわっていて、自然に出会うと、頭も心もたちまち活気づきます。空想も、自然のなかから芽を出せば、のびやかにいきいきと育っていきます。

ふゆめがっしょうだん

冨成忠夫 写真、茂木透 写真、長新太 文
＜福音館書店＞

おもしろい帽子をかぶった個性的な顔が並んでいると思ったら、なんとそれは、春を待っている木の芽の拡大写真。帽子に見えるのが芽で、顔に見えるのは、葉っぱが落ちたあとです。かわいい顔、こっけいな顔、ちょっと怖い顔と、じつに表情豊か。日射しが少し暖かくなってきたら、絵本片手に、公園や林や森へ、楽しい顔を見つけに出かけましょう。

ふしぎなたけのこ

松野正子 作、瀬川康男 絵 ＜福音館書店＞

山奥の少年たろが、タケノコを掘ろうとしたら、タケノコがぐんぐん伸びだしました。村の人たちはたろを助けようとタケノコを切り倒しますが、なんと倒れるだけで半日がかり。みんながたろを探そうと、タケノコに沿って野越え山越え走っていったら、海辺に出て、それから海の幸と山の幸が交換されるようになった、という、スケール抜群のほら話です。こんな空想がむくむく育つのも、自然の力あってこそですね。

お話の先が読めてくる

お話をいろいろ聞いていると、「次はきっとこうなるぞ」と予想できるようになります。最初のうちは、予想が当たれば大満足ですが、次第にそれだけではつまらなくなるもの。お話の語り手たちは、そんな聞き手たちをあちこちでびっくりさせながら、でも最後には大満足を味わってもらえるように、工夫に工夫を重ねてきました。語り手と聞き手が、そんなふうに楽しく競い合うことによって、子どもたちは先を読む力を養い、お話はどんどんおもしろく豊かになってきたんですね。

3びきのくま

トルストイ ぶん、バスネツォフ え、おがさわらとよき やく
<福音館書店>

森で道に迷った女の子が、クマたちが散歩に出かけて留守にしている家を見つけ、おわんのスープを飲んだり、いすを壊したりしたあげく、ベッドで寝てしまい、帰ってきたクマたちに見つかってあわてて逃げるという、ロシアの昔話です。クマがお父さんとお母さんと坊やなので、おわんもいすもベッドも大中小。女の子がしでかすことが、大中小、大中小とくり返され、次にそれを確認するように、クマたちの言葉も大中小、大中小とくり返されるので、幼い子どもたちも、先を予想して、手に汗を握ります。

サリーのこけももつみ

ロバート・マックロスキー 文・絵、石井桃子 訳
<岩波書店>

サリーとお母さんは、ジャムにするコケモモを摘みに秋の山へでかけます。山の反対側では、親子のクマが、冬にそなえておなかをいっぱいにしようと、コケモモを食べています。やがてどっちの親子もはぐれてしまい、サリーは母さんグマに、子グマはサリーのお母さんに遭遇します。全体を見ている子どもたちは、先を予想してハラハラドキドキ。幸い母さんたちは、どっちも賢かったので、あわてずさわがずあとずさり。自分の子どもを見つけて、無事に帰っていきます。食いしん坊のサリーに感情移入しながらも、高いところから見渡しているような感覚は、子どもたちにとって、とても新鮮な体験になります。

こんや、妖怪がやってくる

君島久子 文、小野かおる 絵 <岩波書店>

「かちかち山」の後半とよく似た、中国の昔話。ウマでもウシでもひとのみにする妖怪が、次はおばあさんを食べにくるというので、卵、ぞうきん、カエル、こん棒、火ばさみ、ウシのふん、石のローラーが作戦を練り、それぞれの持ち場で待ち受けます。妖怪がやっつけられるのは当然として、ユニークな顔ぶれがそれぞれ何をするのか、子どもたちは予想を述べあって楽しみます。最後には退治される妖怪も、どことなくユーモラスな顔つきで、豪快だけれども怖すぎないのがいいところです。

だいくとおにろく

松居直 再話、赤羽末吉 え <福音館書店>

流れの速い川に橋をかけられなくて困っている大工の目の前に、鬼が現れ、目玉をよこしたら橋をかけてやるといいます。橋は完成しましたが、大工は目玉を渡したくはありません。鬼に、名前を当てたら許してやるといわれた大工が、山のなかで聞いた歌を頼りに「おにろくっ！」と叫ぶと、鬼は消えてしまいました。大工が鬼の名前を知りながら、わざとちがうことをいう場面などでは、先に名前をいおうとする子がいたりして、みんなでお話を聞く楽しさが満喫できます。

赤ずきん

フェリクス・ホフマン 画、大塚勇三 訳 <福音館書店>

昔話絵本の傑作である『ねむりひめ』を描いたホフマンが、孫娘のために作った私家版絵本をもとに、2011 年に新たに出された絵本です。特別有名な昔話を、本来の形で子どもたちに手渡すのに、これなら申し分なしというものができました。オオカミが待っているとも知らずに、赤ずきんがおばあさんの家へはいっていく場面で、子どもたちは思いっ切りハラハラドキドキ。それからあとのちょっと怖い展開も、うまく表現されていて、目をそむけたくなったりせずに、お話についていけます。助けてくれた猟師と、助かった赤ずきんたちが、お菓子とブドウ酒のテーブルを囲む最後の絵には、温かい満足感があります。

昔話にはドキドキするものが多いけれど、最後は「めでたし、めでたし」だとわかっていれば、次はこうなるんじゃないかなと予想しながら、お話についていくことができます。何度も読んでもらっている絵本を、「もう一回！」とリクエストする子が多いのは、「ほら、やっぱり」の安堵感を支えに、先を見通すトレーニングをしているのかもしれません。

はだかの王さま

アンデルセン 作、バージニア・リー・バートン 絵
乾侑美子 訳 <岩波書店>

おしゃれの大好きな王さまのところへ、二人の詐欺師がやってきて、とても美しい魔法の布を織ると売りこみます。しかし、役目にふさわしくない者やおろか者には、その布が見えないというふれこみです。二人は見事なパントマイムで布を織るふりをしますが、だれもが見えないことを隠そうとして美しい、美しいというので、だれも見えないとはいえなくなってしまいます。しまいには王さまも、立派にできた服が気にいったふりをして、はだかでパレードに出かけることに……。かなり難易度の高いおかしさですが、これがわかれば、一挙に視界が広がります。ていねいで美しい絵が、理解を助けてくれます。

うまかたやまんば

おざわとしお 再話、赤羽末吉 画
＜福音館書店＞

馬に魚を積んで山越えをしていた馬方が、やまんばに魚も馬も食べられて、逃げこんだ先が、そのやまんばの家。でも、今度は天井裏に隠れてうまく頭を働かせ、甘酒やもちを横取りしたばかりか、最後にはやまんばをやっつけてしまいます。いろりのある昔の家ならではのお話ですが、そこが絵にわかりやすく描かれているので、子どもたちにも馬方のうまい計略がよくわかります。

うまい計略に わくわく ドキドキ

子どもが嘘をつくようになったからといって、真っ青になったり腹を立てたりしないでください。それまでは、泣いたり駄々をこねたりするだけだった子どもが、頭を使って目的を果たそうとしているのですから、たいした進歩です。嘘といっても、子どもの嘘は、手の内が見え見え。大人としては、怒ったり心配したりしないで、自分も頭を使ってだまし返すくらいの遊び心がほしいですね。大人と子どもでそんな知恵比べを楽しめば、子どもの考える力はぐんぐん伸び、これからの人生で直面するさまざまな難局を、独自のアイデアで切り抜けられるようになっていきます。

せかいいちおいしいスープ

マーシャ・ブラウン 文・絵、こみや ゆう 訳
<岩波書店>

おなかをすかせた三人の兵隊がくるのを知って、食べものを全部隠してしまった村人たち。食べものももらえず、泊めてももらえない兵隊たちは、石でおいしいスープを作るといって、大きな鍋を借り、興味を持った村人たちをまんまと引きこんで、野菜や肉を次々に持ってこさせます。やがて、すばらしくおいしいスープで大宴会。三人とも上等なベッドに寝かせてもらい、気持ちよく旅立ちます。いきいきと描かれた絵を見れば、村人たちも心から楽しんでいることがわかり、だまされたと気づいても、きっと笑ってすませただろうなと安心できます。

ノウサギとハリネズミ

W・デ・ラ・メア 再話、脇明子 訳、はたこうしろう 絵
<福音館書店>

原話は、ハリネズミの夫婦が、見た目がそっくりなのを利用して、野ウサギとのかけっこに勝つという、グリムの昔話です。ハリネズミの計略は、言葉での説明だけだと幼い子どもにはわかりにくそうですが、状況がつかみやすい挿絵が、理解を助けてくれます。特にいいのは、野ウサギにばかにされて悔しがっているハリネズミを描いたユーモラスな挿絵。これがあるおかげで、ハリネズミを応援しながら、なりゆきを追っていくことができます。

計略というのは、それにだまされる人がいるくらいですから、子どもには理解しにくくて当然です。でも、絵の助けを借りれば、「なるほど、そういうことか」と把握できて、一つのことを両方の側から見てみることのおもしろさがわかってきます。

心の成長

感情との対話へ

赤ちゃんの最初の感情は、快と不快、興奮といった、単純な反応ですが、成長につれて、それが細かく枝分かれしていきます。たとえば、2歳半をすぎて社会のまなざしが感じ取れるようになると、快の軸から誇らしさが枝分かれし、不快の軸から恥ずかしさが枝分かれしてきます。

嫉妬が不快の軸から枝分かれするのは、2歳前後のようですが、4歳くらいになると、大好きな友だちがほかのだれかとなかよくしているのを見ると、嫉妬してしまうようになります。でも、同時に、相手の心のなかも読めるようになって、その子となかよくしたい気持ちもわかったりするので、自分の感情が整理できなくなり、葛藤をかかえることになります。そんな繊細な心の動きは、表情にも映しだされ、大人は、これまでにはなかった表情に、ふと気づかされることになるでしょう。

感度のいいお母さんや園の先生は、そんな表情から子どもの心の動きを読み取り、さりげなく言葉をかけて、話を引き出し、気持ちをほぐしていきます。感情を言葉にすれば、子ども自身も、その底にある心の動きを知ることができ、わき起こった感情も鎮まっていきます。「感情のコントロール」には、感情との対話が不可欠です。

何があっても立ち直るには

だれしも、幼い子どもには、大きな悲しみや後悔などに苦しめられることなく、幸せな毎日を送ってほしいと願っていますが、そうはいっても、何が起こるかわからないのが人生。そこで大切なのが、かけがえのない何かを失おうと、大きな失敗をしでかそうと、その悲しみや後悔をしっかりと受け止めて、それを乗り越え、しなやかに立ち直っていく力です。この力は「レジリエンス」と呼ばれており、大人にとっても、非常に大切な力です。

では、どうすればレジリエンスが身につくのかというと、さきほど述べた「感情のコントロール」に加えて、幼児らしさの現れの一つである「楽観性」と、親子のかかわりによって培われる「自尊感情」が、大きな柱になるといわれています。大きな悲しみや後悔などに襲われても、この3本の柱があれば、わき起こった感情を静め、「なんとかなる」と希望を持ち、自分を信じて乗り越えていくことができるのです。

よりよい人生への旅立ちのために

多くの生物の行動は、本能によってコントロールされています。鳥は、帰巣本能のおかげで、営巣に適した場所を受け継ぐことができ、サケは、遡上本能のおかげで、大海から故郷の川へとたどりつくことができます。でも、プログラミングされた本能では、環境の変化には対応しきれない場合も出てきます。それに対して、人間の行動をコントロールしているのは、何よりもまず、生まれてからの地道な学習です。学習は、人間が、変化し続ける厳しい環境に適応するために、太古の時代から身に着けてきた、唯一の生き残り戦術ともいえそうです。

生まれてから数年のあいだの、親しい人に対する絶対的な信頼感は、その後の人間関係を円滑にしますし、自分自身を肯定的にとらえる自尊感情は、いろんなことに挑戦する気持ちを育てます。人とのやりとりのなかで学習された言葉は、自分を表現する力や考える力を養います。美しいものに触れる体験は、世界への愛で心を満たします。

幼児期は、子どもがよりよい人生へと旅立てるかどうかを左右する、大切な学習のとき。これからずっと続いていく心の旅の出発点です。

心のなかの嵐

感情というのは、いったんわき出すと、自分ではコントロールしにくいもの。特に、「大好きなのに、憎たらしい」などといった、矛盾をはらむ感情を制御するのは、大人にだって簡単なことではありません。まして子どもにとっては、心のなかで暴れまわる感情は、吹き荒れる嵐といっしょです。それとどうにか向き合い、獣を飼い馴らすように手なづけていくすべを教えてあげるのも、大人の大切な役目です。

かいじゅうたちのいるところ

モーリス・センダック さく、じんぐうてるお やく
＜冨山房＞

　暴れすぎて、晩ごはん抜きで寝室へ追いやられたマックスが、ムカッとしていると、寝室が森になり、海になって、冒険がはじまります。着いたところは、恐ろしいかいじゅうたちの世界。腕白マックスは、たちまちかいじゅうたちを従えて王さまになり、大暴れします。存分に暴れたら、ムカムカも消え、海を渡って帰ると、そこには温かい晩ごはんが……。想像の世界で大暴れすれば、ムカムカも消えるというのは、貴重な「生きる知恵」の一つ。マックスの大暴れの場面は、迫力満点であると同時に美しく、心のなかにそのイメージをしまっておくだけで、お守りになりそうです。

まどのそとのそのまたむこう

モーリス・センダック さく・え、わきあきこ やく
＜福音館書店＞

　パパが留守で、ママがふっと放心状態になったすきま時間に、妖しいゴブリンたちがやってきて、アイダがお守りをしていた赤ちゃんをさらっていきます。アイダは妹を救うために、冒険の旅へ。どんなにいい両親でも、いつも自分のほうばかりを向いていてはくれません。そこからわき出す不満、嫉妬などの手に負えない感情を、責任感と愛と勇気によって克服していくアイダの戦いは感動的。自分との戦いでぐんと成長したアイダが、ママに肩を抱かれて、パパからの手紙を読んでいるラストシーンは、幸せと誇らしさとにあふれています。絵が不気味と敬遠する方もおられますが、この絵本に支えを見出す子どもは珍しくありません。

子どものための絵本に「楽しさ」や「かわいさ」を求める人から見ると、心のなかの嵐を取り上げた絵本は、暗いし、ちょっと怖かったりもして、敬遠したくなるのも無理はありません。でも、生きていくためには、悲しみ、苦しみ、憎しみ、妬み、後悔など、不愉快な感情とも、きちんと向き合っていくことが必要。その助けになる絵本は、子どもたちの強い味方です。

ピーターのてがみ

エズラ・ジャック・キーツ さく、きじまはじめ やく
<偕成社>

誕生会を開くことになったピーターは、男の子仲間のほかに、大好きなエイミーも呼ぶことにします。口ではいえなくて、はじめての手紙を書きますが、出しにいこうとすると、外は嵐。吹き飛ばされた手紙を、たまたまやってきたエイミーに拾われそうになり、あわてたピーターは、エイミーを転ばせ、泣かせてしまいます。もうきてくれないだろうと落ちこむピーターの気持ちが、嵐の街を描いた表情豊かな絵によって、見事に表現されています。だれかを好きになって、急に臆病になったり、有頂天になったりする心の動きの不思議さを、しっかり体験させてくれます。

悲しみが心を深くする

子どもがかわいい大人としては、できれば、悲しい思いはさせたくありませんよね。でも、悲しいことに出会って苦しみ、どうすればこうならずにすんだんだろうと頭を悩まし、受け入れるしかないこともあるんだと学んでいくことによって、子どもの心は深くなり、まわりの人たちの感情や、いつ壊されても不思議のない目の前の世界の美しさに、よりしっかりと開かれていきます。そして、悲しみがあるからこそ、喜びがよりいっそう輝くのだということも、なんとなくわかってきます。

つるにょうぼう

矢川澄子 再話、赤羽末吉 画
＜福音館書店＞

日本の昔話には、ツル、キツネ、あるいは天人など、もともと人間ではない者が、人間の女の姿になって妻になるけれども、男が約束を破ることによって、もとの姿にもどって去っていく、というお話がいくつもあります。これは、約束を破ってはいけないと教えるお話というより、人生のなかで出会わずにはすまない別れの悲しみを、前もって教えてくれるお話と受け止めるべきかもしれません。この絵本は、ツルが命を削って機を織る姿を、男がのぞき見る場面を、美しさと悲しみとが凝縮されたものとして描くことによって、このお話の魂を見事に伝えてくれています。

気をつけなくてはならないのは、悲しみを感じさせるお話のなかに、しばしば、泣かせることを狙った「お涙頂戴」の作品が含まれていることです。わざとらしい展開に翻弄されて、どこかで不自然さを感じながらも、自動的に泣かされてしまうのと、本当に心を動かされる場合とのちがいを、ちゃんと意識するように気をつけましょう。

スーホの白い馬

大塚勇三 再話、赤羽末吉 画 <福音館書店>

モンゴルの大草原に住む少年スーホは、白い子馬を見つけ、大切に育てます。ところが、殿さまが開催した競馬大会に出て見事に優勝したのに、ほうびをもらえるどころか、殿さまに馬を奪われてしまいました。馬は殿さまを振り落として、スーホのもとへ帰ってきますが、矢を受けていて、死んでしまいます。最後は、夢で馬の望みを聞いたスーホが、馬の身体から馬頭琴という楽器を作ることでしめくくられます。力強くて美しいこの絵本で、子どもたちは、別れの悲しみや、理不尽な世の中への怒りなど、いろんな重たい感情を味わいますが、そんな感情をかみしめるのも、成長していく上では必要なことなんだということも、なんとなくわかってきます。

たなばた

君島久子 再話、初山滋 絵 <福音館書店>

七夕は、天の川にへだてられている牛飼いと織姫の星を祀る行事で、一年のうちその一夜だけ、二人はカササギの橋を渡って会うことができるとされています。牛飼いは、天から水浴びにきた織姫のきものを隠して妻にし、子どもも生まれて幸せに暮らしますが、やがて織姫は天に連れもどされ、残された父子は必死であとを追います。牛飼いは、さまざまな妨害にもめげずにがんばりますが、結局は、年に一度逢うことしか許されませんでした。このお話を知って、あらためて夏の星空をながめたら、悲しみが美しさをより深いものにしていることが感じられて、不思議な気持ちになるでしょう。

たくましく生きたい

大人の仕事の多くが、画面をにらんでのキーボード操作になっているいま、「たくましい」という言葉は、昔ほどの意味を持たなくなっているかもしれません。でも、自分がまだ小さい存在でしかないことに不満を感じている子どもたちは、小さくてもたくましい絵本のヒーローやヒロインに、いまなお強いあこがれを抱いています。考えてみれば、絵本のパワフルな主人公たちのたくましさは、力の強さ以上に、心のたくましさです。これは、どんな時代になっても必要ですものね。

げんきなマドレーヌ

ルドウィッヒ・ベーメルマンス 作・画、瀬田貞二 訳
<福音館書店>

　マドレーヌは、パリの小さな寄宿学校の女の子。いつも 12 人いっしょに寝起きし、すてきなパリの街をきちんと並んで散歩します。マドレーヌはだれよりも元気なのに、ある晩、盲腸炎になって救急車で入院することに……。でも、みんながお見舞いに行ってみると、マドレーヌはおもちゃやお菓子に囲まれ、おなかの傷あとを見せて得意顔。その晩、寄宿舎ではみんながいっせいに泣きだし、先生があわてて駆けつけると、だれもが盲腸炎になりたかったのでした。病気もなんのそののたくましさがうれしい絵本です。

パンのかけらとちいさなあくま

リトアニア民話、内田莉莎子 再話、堀内誠一 画
<福音館書店>

　悪魔は悪いことをするのが仕事ですが、貧しい木こりのパンを盗んで得意になっていた小さな悪魔は、大きな悪魔たちに叱られ、つぐないをしてこいといわれます。どうやら、貧しい人や弱い人には、悪いことをしてはいけないようです。木こりの願いを聞いた小さな悪魔が、沼地を立派な畑にする働きっぷりの頼もしいこと。ところが、せっかくの収穫物を全部地主に横取りされ、怒った小さな悪魔は、ありったけの知恵と力を使って見事に地主をやっつけ、大きな悪魔たちにほめてもらいます。小さな悪魔の豪快な活躍ぶりや、木こりと力を合わせて働く温かさがとてもすてきで、子どもたちの心をつかむこと、まちがいなしの絵本です。

ももたろう

松居直 文、赤羽末吉 画 ＜福音館書店＞

日本の昔話のなかでも、とりわけ名高い『ももたろう』は、いろんな絵本になっていますが、赤羽末吉の描き方は、やはり格別。子どもたちがとりわけ好きなのが、ももたろうが「一ぱいたべると　一ぱいだけ、二はいたべると　二はいだけ」大きくなるという文の横に、おわんの数に従ってどんどん大きくなるももたろうが描かれ、着物がそれにつれて、つんつるてんになっているところです。その次のページには、足をふんばり、しばを山のように背負った、さらにたくましいももたろうが……。子どもたちが、鬼退治より何より、まずは大きくなりたい、強くなりたいと願っていることが、よくわかります。

子どもはみんな、「大きくなりたい」「強くなりたい」と願っていて、絵本に出てくるパワフルな登場人物にあこがれています。ここに紹介する絵本を、子どもたちに読み聞かせると、とりわけ気が弱そうで、満足に声も出せない女の子が、まっ先に借りていったりもします。

もともとパワーのある子は、遊びのなかでどんどん力をつけていけますが、引っこみ思案の子はそうはいきません。そんな子どもたちには、たくましく生きるためのイメージ・トレーニングをさせてくれる絵本が、何よりも強い味方です。

自然の美しさを感じる

いま、私たちの暮らしは、自然からどんどん遠ざかっていますが、たまに公園の木立のなかを歩いたり、見事な夕焼け空を見たりしたら、それだけでも「生きる力」が充電できたような気がしますよね。自然が見せてくれる、多様で繊細で変化に富んだ美しさは、人間の手では作り出せないもの。本来、そんな美しさに敏感な子ども時代に、すてきな体験をたくさんさせてあげましょう。

よあけ

ユリー・シュルヴィッツ 作・画、瀬田貞二 訳
<福音館書店>

静まりかえった夜の湖。月を映す静かな湖面に、そよ風が吹き、さざなみが立ちます。やがてあたりが明るくなって、寝ていたおじいさんが孫を起こしますが、二人とも言葉を交わすでもなく、黙々と食事を終えて、ボートで湖に出ていきます。ただそれだけの絵本ですが、ページをめくっていくと、まるで大自然の静けさに吸いこまれていくようで、深い感動を覚えます。この絵本で、自然ってこんなにも美しいものなんだと感じ取ることができたら、その思いは一生を支えてくれる宝物になるでしょう。

いいことってどんなこと

神沢利子 さく、片山健 え <福音館書店>

雪がとけはじめたある日、氷柱から落ちるしずくのうれしそうな音に、「どうしてそんなにうれしいの」とたずね、「いいことがあるからよ」という返事をもらった女の子は、いいことってなんだろうと、外へ出ていきます。でも、小鳥や小川や風にたずねても、みんなただ「いいことがある」というばかりです。しまいに雪の上で転んだ女の子が、悔しくて起き上がる気もせずにいたら、雪の下からかすかな歌が聞こえ、雪を掘ってみると、その下には澄んだ水が流れ、金色の花が咲いていたのでした。むしゃくしゃした思いから抜け出して、すばらしく美しいものと向き合う喜びが、心にしみとおっていく絵本です。

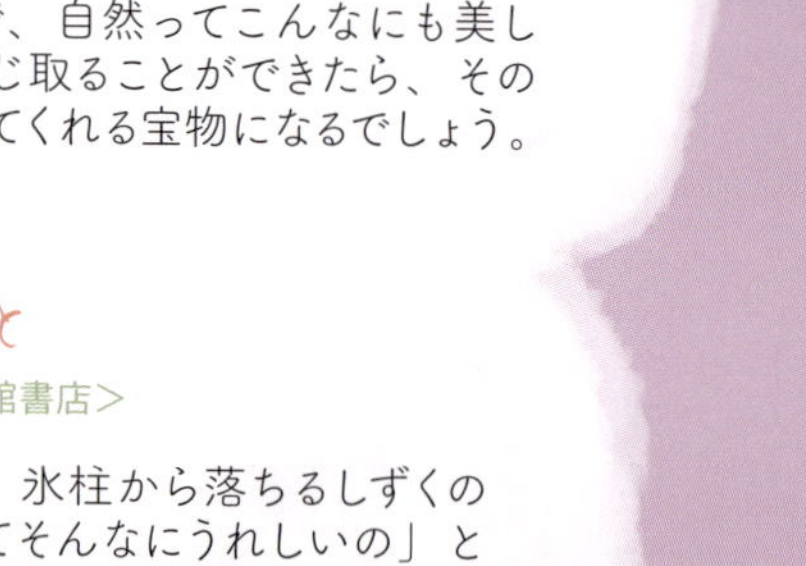

日々の暮らしに忙しい大人は、自然から遠ざかってしまいがちですが、優れた画家や詩人や絵本の作り手たちのなかには、自然の美しさや不思議さを子どものように敏感に受け止め、しかもそれを、だれにでもわかる表現にして届けてくれる人たちがいます。そんな人たちが作ってくれたとびきりの絵本を、子どもたちといっしょに楽しみましょう。

はくぶつかんのよる

イザベル・シムレール 文・絵
石津ちひろ 訳 <岩波書店>

　フランスにあるコンフリュアンス博物館の夜はふけ，碧い世界に包まれていました。すると，どこからか黄金のチョウがやってきて，きょうりゅうの背骨をそっとなでると・・・。閉じ込められていた時間が，解き放たれたかのように，かつてこの世に存在していた生き物や暮らしの道具，そして民芸品たちがつぎつぎに息を吹き返します。ゆめのような時が流れ，しだいに夜が明けてくると，みんなは再び眠りの世界へ。生き物たちと夜明けの競演のシーンは，息をのむ美しさです。

蛙となれよ冷し瓜

マシュー・ゴラブ 文、カズコ・G・ストーン 絵
脇明子 訳 <岩波書店>

　江戸時代の俳人、小林一茶は、身近な小さい生きものたちが大好きで、ネコやカエル、蝶、スズメなどが出てくる俳句を、たくさん作りました。これは、そんな一茶の生涯を、とりわけ子どもたちに届けたい俳句を織りまぜながらたどった絵本。文を書いたのは、日本が大好きなアメリカ人。絵を描いたのは、アメリカで暮らしている日本人。ふつうの日本人が身近すぎて見逃しがちな日本の美しさを、まっすぐにとらえてくれています。

つらいことをくぐり抜けて

子どもの日常にはたいした苦労などなさそうですが、大人から見るとささいなことが、思わぬ苦しみの種になっていることもよくあります。大人がそれに気づきにくいのは、一つには時間の感覚がちがうから。じきにくぐり抜けられることでも、子どもには出口のないトンネルにはいったかのように思えるのです。それに加えて、大人ならある程度解決の見通しが持てるけれど、子どもにはそれがむずかしいという問題もありますね。そこで大きな力を発揮するのが、絵本や昔話や物語。お話でなら、つらい年月もわずかな時間で乗り切って、幸せな解決のイメージをつかむことができます。

にんじんのたね

ルース・クラウス さく、クロケット・ジョンソン え
おしおたかし やく ＜こぐま社＞

　男の子がニンジンの種をまきますが、両親も兄さんも、芽なんか出ないと決めつけます。そして実際、待っても待っても何も起こらない状態が、全部で12場面のうち8場面も続きます。それでもついにある日、土が割れて巨大な芽が出て、男の子の身体くらいもあるニンジンができました。とてもシンプルな絵本ですが、人生には、がまんするしかないときがあること、それでもがんばりとおせたら、夢がかなう場合もあることを、実感させてくれます。

わたしとあそんで

マリー・ホール・エッツ ぶん・え、よだじゅんいち やく
＜福音館書店＞

　野原へ出かけた女の子が、バッタやカエルやカメなどに「あそびましょ」と呼びかけますが、みんな逃げてしまいます。しょんぼりと池のそばにすわっていると、逃げたものたちが順に近寄ってきて、しまいには、さっきはいなかったシカの赤ちゃんまでが姿を見せ、女の子のほっぺたをなめてくれます。はじめて読んでもらうときは、前半がとてもつらいけれど、どんどん喜びがふくらんでくる後半を一度体験すると、つらい部分にも辛抱できるようになってきます。つらい場面でも、いつもお日さまが温かく見守っていることに、自分で気づく子どももいます。

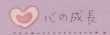

ちいさいおうち

バージニア・リー・バートン ぶん・え、いしいももこ やく
＜岩波書店＞

田舎の静かな丘の上に、愛情をこめて建てられた小さな家。まずは昼と夜と春夏秋冬の暮らしの様子が、ゆったりと描かれますが、それから都市化がはじまり、家はそのままなのに、いつしかまわりはビルだらけ。自動車ばかりか電車も走り、住む人もなくなった家は荒れほうだいです。ところがある日、最初に建てた人の子孫がその家を見つけ、もとの場所とよく似た丘の上まで運んでいって、修理して住んでくれることになりました。二度ともどらないかに思えた幸せが、奇跡のようによみがえる結末に、深い感動が味わえる絵本です。

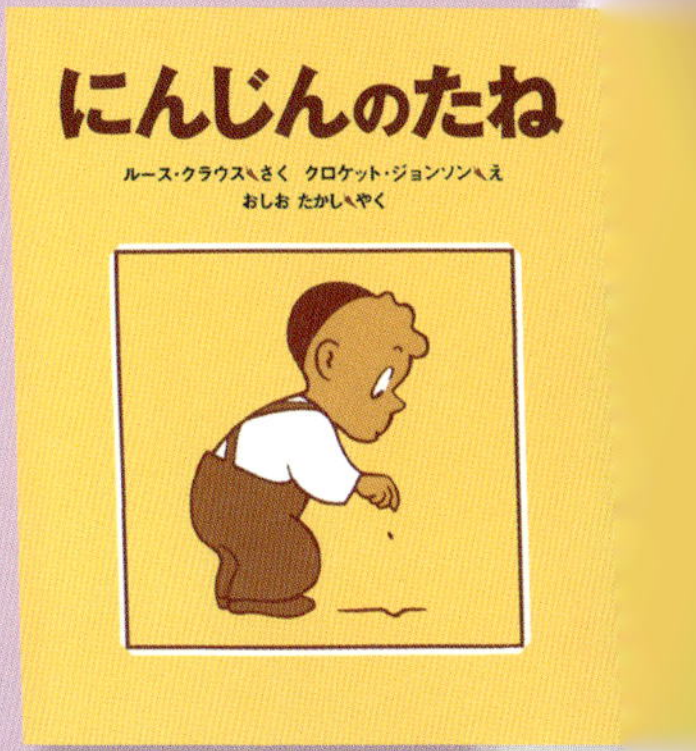

絵本というと、決まり文句のように出てくるのが、「楽しい」という言葉。確かに、楽しくてすてきな絵本もたくさんありますが、何よりも大切なのは、「楽しさ」ではありません。子どもに聞かせる「お話」の役目の一つは、子どもたちがこれからの人生で出会う困難や苦しみを乗り越えていけるように、イメージ・トレーニングをしておくこと。つらいことをくぐり抜ければ、大きな喜びに出会えると教えてくれる「お話」ほど、うれしいものはないですよね。

ボタ山であそんだころ

石川えりこ さく・え ＜福音館書店＞

わたしのお父さんは、炭坑の会社で働いていますが、同級になったけいこちゃんのお父さんみたいに、石炭を掘っているのではありません。けいこちゃんと親しくなったわたしは、いつもはよそごととして見ていた炭坑労働者たちの暮らしに足を踏み入れ、危険な遊びにも必死でついていきます。しかし、ある日炭坑で事故が起こり、けいこちゃんは急いで帰宅したまま、引っ越していってしまいました。子どもは自分の暮らし方や考え方がどこでも通用すると思っていますが、やがてそうではないことがわかってきます。けいこちゃんが開けてくれた扉から吹きこんできた社会の風は、子どもだったわたしを一人の人間へと目覚めさせてくれたのでした。

人生の見とおし

大人にとって、月日がたつのはあっというまですが、子どもの時間はのろのろとしかすぎていかないもの。いまはつらくても先には希望があるとなぐさめられても、なかなか信じられません。物語は、主人公の人生が大きく変わっていくところに焦点を当て、子どもが自分の人生の物語をつかんでいくのを助けてくれます。

時計つくりのジョニー

エドワード・アーディゾーニ 作、あべきみこ 訳
<こぐま社>

ジョニーは小さいけれど手先が器用で、ものを作るのが大好き。おばさんにもらった手引き書をもとに、大時計を作ろうと思い立ちますが、両親は相手にしてくれないし、学校で話したら、いじめがはじまってしまいました。でも、スザンナという女の子だけは、はげますだけでなく、知恵も貸してくれました。かじやのジョーにも助けられて、ついに立派に役立つ大時計が完成。お父さんもジョニーを見直して、本格的な道具を買ってくれます。くじけずにやりとげた喜びを、ジョニーたちと共有できます。

ながいながい旅

ローセ・ラーゲルクランツ 文、イロン・ヴィークランド 絵
石井登志子 訳 <岩波書店>

第二次大戦のとき、エストニアの田舎町から漁船で海を越え、スウェーデンに逃れた少女のお話です。エストニアへはドイツとソ連がかわるがわる攻めてきて、少女の愛犬も殺されたりしますが、それでも友だちとイチゴを摘んだりして遊びほうける日々もあることが、ちゃんと描かれています。海を渡る決意をする場面で、少女のイロンという名前がはじめて出てきますが、あれっと思うと、案の定これは、この絵本を描いた画家自身の体験談でした。感動するとともに、悲しみや恐怖に打ちひしがれているときにも、その先に明るい未来がありうることが実感できます。

主人公に自分を重ねられる物語は、共感していっしょに不安になったりがっかりしたりしながら、でもきっと大丈夫と、一段上からはげますように見守ることもできるのが、いいところです。そんな経験を重ねていると、いつしか自分自身についても、一段上から先を見通すことができるようになってきます。

野うさぎのフルー

リダ・フォシェ 文、フェードル・ロジャンコフスキー 絵
いしいももこ　訳編 <童話館出版>

野ウサギは、生まれるとすぐに一人だちしますが、それは「かくれみの」「魔法の耳」「七里ぐつ」を持っているから……。この絵本は、科学絵本のように野ウサギの生態を解説したあと、フルーが雌ウサギのキャプシーヌと出会ってなかよしになり、ある日、猟犬に襲われて離れ離れになるいきさつを物語ります。フルーはただでさえつらい冬を、悲しみに沈んですごしますが、春がめぐってきたある日、なんとキャプシーヌと再会できて、2ひきはめでたく結婚したのでした。この再会の喜ばしいこと！　戦争で引き裂かれた人間の恋人たちの再会にも負けません。

パパのところへ

ローレンス・シメル 文、アルバ・マリーナ・リベラ 絵
宇野和美 訳 <岩波書店>

「わたし」はママとおばあちゃんと三人暮らし。外国で働いているパパにあとで読んでもらえるように、ノートに日記を書いています。ところがある日、パパのほうへきて暮らさないかという、思いもよらない提案が。うれしいけれど、おばあちゃんとも親友とも愛犬ともお別れです。小さなスーツケースのまわりに描かれたたくさんのものが、それまでの暮らしが断ち切られることのつらさを物語っています。最後に「わたし」は、飛び立った飛行機の上で、おばあちゃんのための新しい日記を書きはじめます。書くことは、人とつながる手段でもあり、自分の人生を自分のものにしていく手段でもあるのですね。

自分を越えた長い時間

子どもにとって、自分が生きてきた時間、これから生きていく時間は、とんでもなく長く思われるもの。しかし、自分が生まれる前に、それとはけたちがいに長い時間が続いてきたこと、そして、自分がいなくなったあとにも、長い長い時間が続くであろうことに、ふと気づくときがやってきます。そんな長い時の流れのなかの「いま」だということを受け止めて、これからの人生を大切に生きていってほしいですね。

稲と日本人

甲斐信枝　さく、佐藤洋一郎　監修
＜福音館書店＞

日本人の祖先が、稲という植物を栽培しはじめたのは、二千数百年前のこと。稲は食べるとおいしいし、長く保存できるし、とてもありがたい植物ですが、栽培にはたっぷりの水や夏の暑さが必要で、条件が整わないとたびたび飢饉が起こりました。そんななかで、祖先たちが、水の確保や品種改良のために、どんな苦労を重ねてきたかが、力強い絵とわかりやすい文章で、ていねいに説明されています。いまの日本の風景は、日本人が稲とともに生きるために作り上げてきたものなんだなと知ると、食べ慣れたごはんの味が、何倍も味わい深く思えてきます。

えぞまつ

神沢利子 ぶん、有澤浩 監修、吉田勝彦 え ＜福音館書店＞

エゾマツが立ち並ぶ北海道の森。毎年、大量の種が地面に落ち、芽を出しますが、そのほとんどが、落ち葉や霜柱や泥や、おおいかぶさる草木のせいで、立ち枯れてしまいます。それでもエゾマツが、ちゃんと世代交替できているのは、倒れて朽ちた木が落ちてくる種を受け止め、持ってこいの苗床になるから。そんな生態が淡々と語られているだけですが、読んでいると自然に、私たち人間もおなじなんだなと思えてきて、前の世代からもらったものをこれからの世代に手渡していくことの大切さが実感できます。

せいめいのれきし 改訂版

バージニア・リー・バートン 文・絵
いしいももこ 訳、まなべまこと 監修 <岩波書店>

地球が誕生してから、著者バートンがこの絵本の絵を描いている「いま」までの、何十億年もの歴史を、カラフルな絵とわかりやすい説明とでたどる、知識の絵本の古典。初版から半世紀たった 2015 年に、恐竜に関する最新の知識などを盛りこんで、アップデートされました。「いま」に近づくにつれて、時間の流れがゆるやかになり、最後は作者が住んでいるのどかな田園の、世にも美しい夜明け。「このあとは、あなたのおはなしです」と、読み手にバトンが渡されるのも、すてきです。

ここで紹介する絵本には、私たちの祖先が長い歳月をかけてやってきたことや、この地球が生まれ、生命が誕生してからの、途方もない時間をかけた歩みのことなどが、取り上げられています。子どもには、そんなに長い時間のことは想像しにくいと思いますが、「ふーん」と思って受け取ったことが、やがてじわじわと心にしみこんできて、自分がいましていることが、未来にどうつながっていくかということを、考えはじめるきっかけになることでしょう。

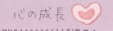

ブックリスト

自然・科学・季節・行事

ここでは、テーマごとに絵本を紹介していきます。

自然と科学

人間は，「自然を科学する」ことから，いまの文明を作り上げてきました。子どもたちは，生まれつき，「自然を科学する」好奇心を持っています。子どもの五感に働きかけ，「科学する心」を育ててくれる，「本物に迫る絵本」を手渡してあげましょう。

五感体験

『あめのひ』（ユリー•シュルヴィッツ 作•画、矢川澄子 訳、福音館書店）／『いいことってどんなこと』（神沢利子 さく、片山健 え、福音館書店）／『コッコさんとあめふり』（片山健 さく・え、福音館書店）／『コッコさんのかかし』（片山健 作、福音館書店）／『むぎばたけ』（アリスン•アトリー 作、矢川澄子 訳、片山健 絵、福音館書店）／『ぽとんぽとんはなんのおと』（神沢利子 さく、平山英三 え、福音館書店）／『はなをくんくん』（ルース・クラウス ぶん、マーク・シーモント え、きじまはじめ やく、福音館書店）

観察と実験

『ざりがに』（吉崎正巳 ぶん・え、須甲鉄也 監修、福音館書店）／『たんぽぽ』（平山和子 ぶん・え、福音館書店）／『ふゆめがっしょうだん』（冨成忠夫 写真、茂木 透 写真、長新太 文、福音館書店）／『つくし』（甲斐信枝 さく、福音館書店）／『かみひこうき』（小林実 ぶん、林明子 え、福音館書店）

いのちのしくみ

『蝶の目と草はらの秘密』（ジョイス•シドマン 文、ベス•クロムス 絵、百々佑利子、藤田千恵 訳、冨山房）／『じめんのうえとじめんのした』（アーマ・E・ウェバー ぶん・え、藤枝澪子 やく、福音館書店）／『えぞまつ』（神沢利子 ぶん、吉田勝彦 え、福音館書店）／『たんぽぽ』（甲斐信枝 作•絵、金の星社）／『こがねぐも』（甲斐信枝 さく、八木沼健夫 監修、福音館書店）／『ひがんばな』（甲斐信枝 さく、福音館書店）／『ぼくはたね』（甲斐信枝 さく、森田竜義 監修、福音館書店）

人間ってどうなってるの?

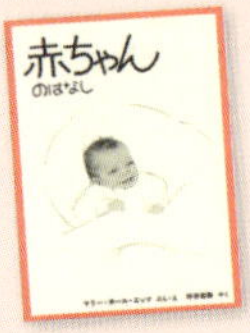

『人間』（河合雅雄 文、あべ弘士 絵、大月書店）／『赤ちゃんのはなし』（マリー・ホール・エッツ ぶん・え、坪井郁美 やく、福音館書店）／『いーはとあーは』（やぎゅうげんいちろう さく、福音館書店）／『みんなうんち』（五味太郎 さく、福音館書店）

世界をつかむ

『世界のはじまり』（メイヨー再話 ブライアリー 絵　百々佑利子 訳、岩波書店）／『このよでいちばんはやいのは』（ロバート・フローマン 原作、天野祐吉 翻案、あべ弘士 絵、福音館書店）／『せいめいのれきし改訂版』（バージニア・リー・バートン 文・絵、いしいももこ 訳、まなべまこと 監修、岩波書店）／『巨人グミヤーと太陽と月』（君島久子 文、小野かおる 絵、岩波書店）

季節と行事

子どもは，ゆったりと流れる時間のなかで生きているので，季節の変化に敏感です。ここでは，これまでに取り上げた絵本も含めて，季節のうつろいを感じさせてくれる絵本や，四季おりおりの行事に触れた絵本をご紹介します。子どもたちの遊びや暮らしを豊かにする手がかりとして，ぜひご活用ください。

春

新しい友だち

『コッコさんのともだち』（片山健 さく・え、福音館書店）／『わたしとあそんで』（マリー・ホール・エッツ ぶん・え、よだじゅんいち やく、福音館書店）／『サラダとまほうのおみせ』（カズコ・G・ストーン さく、福音館書店）『ちょうちょ はやくこないかな』（甲斐信枝 さく、福音館書店）

お引っ越し

『かもさんおとおり』（ロバート・マックロスキー ぶんとえ、わたなべしげお やく、福音館書店）／『とん ことり』（筒井頼子 さく 、林明子 え、福音館書店）

土の上、土の中

『ダンゴムシのコロリンコくん』(カズコ・G・ストーン 文・絵、岩波書店)／『じめんのうえとじめんのした』(アーマ・E・ウェバー ぶん・え、藤枝澪子 やく、福音館書店)／『たんぽぽ』(甲斐信枝 作・絵、金の星社)／『たけのこほり』(浜田桂子 さく、福音館書店)／『ふしぎなたけのこ』(松野正子 さく、瀬川康男 え、福音館書店)

遠足

『おべんとう』(小西英子 さく、福音館書店)／『おべんとうだれとたべる？』(あずみ虫 さく・え、福音館書店)／『ぐりとぐらのえんそく』(なかがわりえこ 作、やまわきゆりこ 絵、福音館書店)

春の交通安全

『たろうのおでかけ』(村山桂子 さく、堀内誠一 え、福音館書店)／『ちいさなねこ』(石井桃子 さく、横内襄 え、福音館書店)

春から夏

雨の日もまた楽し！

『あまがさ』(やしまたろう 文・絵、福音館書店)／『コッコさんとあめふり』(片山健 さく・え、福音館書店)／『あめのひ』(ユリー・シュルヴィッツ 作・画、矢川澄子 訳、福音館書店)／『ゆかいなかえる』(ジュリエット・ケペシュ ぶん・え、いしいももこ やく、福音館書店)

気持ちのいい風

『かぜフーホッホ』(三宮麻由子ぶん、斉藤俊行 え、福音館書店)／『かみひこうき』(小林実 ぶん、林明子 え、福音館書店)／『しゃぼんだまとあそぼう』(杉山弘之・杉山輝行 文と構成、吉村則人 写真、平野恵理子 絵)／『むぎばたけ』(アリスン・アトリー 作、矢川澄子 訳、片山健 絵、福音館書店)

春から夏

小さな仲間

『てんてんてん』（わかやましずこ さく、福音館書店）／『かいこ』（熊谷元一 ぶん・え、福音館書店）

むし歯予防デー

『いーはとあーは』（やぎゅうげんいちろう さく、福音館書店）
『海べのあさ』（マックロスキー 文・絵、石井桃子 訳、岩波書店）

七夕

『たなばた』（君島久子 再話、初山滋 絵、福音館書店）／『しのだけむらのやぶがっこう』（カズコ・G・ストーン さく、福音館書店）

夏

水とあそぼう

『まほうのコップ』（藤田千枝 原案、河島敏生 写真、長谷川摂子 文、福音館書店）／『どろだんご』（たなかよしゆき ぶん、のさかゆうさく え、福音館書店）／『およぐ』（なかのひろたか さく、福音館書店）／『しずくのぼうけん』（マリア・テルリコフスカ さく、うちだりさこ やく、ボフダン・ブテンコ え、福音館書店）／『かばくん』（岸田衿子 さく、中谷千代子 え、福音館書店）

やさい大好き

『いっぱい やさいさん』（まどみちお 文、斉藤恭久 絵、至光社）
『やさいのおなか』（きうちかつ さく・え、福音館書店）

夏の夜空

『おやすみ、わにのキラキラくん』（カズコ・ストーン さく、いぬいゆみこ やく、福音館書店）／『はなび ドーン』（カズコ・G・ストーン さく、童心社）

おばけ いるのかな？

『めっきらもっきら どおんどん』（長谷川摂子 作、ふりやなな 画、福音館書店）

身近な生きもの

『くぬぎむらのレストラン』（カズコ・G・ストーン さく、福音館書店）／『ざりがに』（吉崎正巳 ぶん・え、須甲鉄也 監修、福音館書店）

夏休みのおでかけ

『よあけ』（ユリー・シュルヴィッツ 作・画、瀬田貞二 訳、福音館書店）／『ねこのオーランドー』（キャスリーン・ヘイル 作・画、脇明子 訳、福音館書店）

夏から秋・秋

大切なお米

『おにぎり』（平山英三 ぶん、平山和子 え、福音館書店）／『コッコさんのかかし』（片山健 作、福音館書店）／『稲と日本人』（甲斐信枝 さく、佐藤洋一郎監修、福音館書店）

森のごちそう

『りすのパナシ』（リダ・フォシェ 文、フェードル・ロジャンコフスキー 絵、いしいももこ 訳編、童話館出版）／『マーシャとくま』（ロシア民話、E．ラチョフ え、M．ブラトフ さいわ、うちだりさこ やく、福音館書店）／『サリーのこけももつみ』（ロバート・マックロスキー 文・絵、石井桃子 訳、岩波書店）

きれいなお月さま

『おつきさまこんばんは』（林明子 さく、福音館書店）／『巨人グミヤーと太陽と月』（君島久子 文、小野かおる 絵、岩波書店）

夏から秋・秋

身近な生きもの

『こがねぐも』（甲斐信枝 さく、八木沼健夫 監修、福音館書店）／『ひがんばな』（甲斐信枝 さく、福音館書店）／『びっくりまつぼっくり』（多田多恵子 ぶん、 堀川理万子 え、福音館書店）

運動会

『こぎつねキッコ うんどうかいのまき』（松野正子 文、梶山俊夫 絵、童心社）／『よういどん』（わたなべしげお ぶん、おおともやすお え、福音館書店）

秋祭り

『おかぐら』（脇明子 ぶん、小野かおる え、福音館書店）／『あたごの浦』（脇和子・脇明子 再話、大道あや 画、福音館書店）

秋から冬

こがらしが吹いてきた

『きんいろあらし』（カズコ・G．ストーン さく、福音館書店）

収穫

『りんご』（松野正子 ぶん、鎌田暢子 え、童心社）／『おおきなかぶ』（トルストイ 再話、内田莉莎子 訳、佐藤忠良 画、福音館書店）／『パンのかけらとちいさなあくま』（リトアニア民話、内田莉莎子 再話、堀内誠一 画、福音館書店）

いもほり遠足

『おおきなおおきなおいも』（赤羽 末吉 さく・え、福音館書店）

勤労感謝の日

『ちいさいきかんしゃ』（ロイス・レンスキー ぶん・え、わたなべしげお やく、福音館書店）／『しょうぼうじどうしゃじぷた』（渡辺茂男 さく、山本忠敬 え、福音館書店）／『はたらきもののじょせつしゃけいてぃー』（バージニア・リー・バートン ぶん・え、いしいももこ やく、福音館書店）

冬

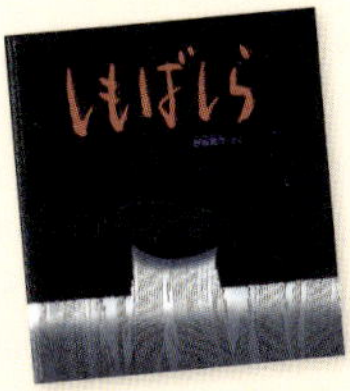

おおさむこさむ

『おおさむ こさむ』（瀬川康男 作、福音館書店）／『しもばしら』（野坂勇作 さく、福音館書店）／『ふゆめがっしょうだん』（冨成忠夫 写真、茂木 透 写真、長新太 文、福音館書店）

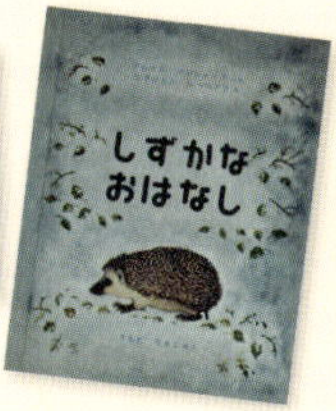

雪の日

『ゆきのひ』（エズラ・ジャック・キーツ ぶん・え、きじまはじめ やく、偕成社）／『ふわふわふとん』（カズコ・G. ストーン さく、福音館書店）／『しずかなおはなし』（サムイル・マルシャーク ぶん、うちだりさこ やく、ウラジミル・レーベデフ え、福音館書店）／『てぶくろ』（エウゲーニー・M.ラチョフ え、うちだりさこ やく、福音館書店）

クリスマス

『やかまし村のクリスマス』（アストリッド・リンドグレーン 作、イロン・ヴィークランド 絵、おざきよし 訳、ポプラ社）／『クリスマス人形のねがい』（ルーマー・ゴッデン 文、バーバラ・クーニー 絵、掛川恭子 訳、岩波書店）

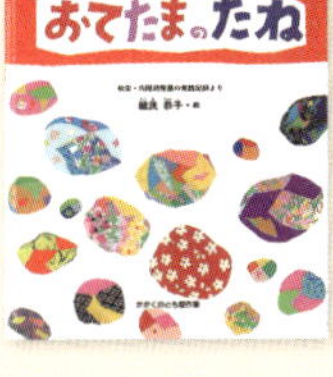

お正月

『かさじぞう』（瀬田貞二 再話、赤羽末吉 画、福音館書店）
『おてだまのたね』（織茂恭子 絵、福音館書店）

冬から春へ

春の足音

『ぽとんぽとんはなんのおと』(神沢利子 さく、平山英三 え、福音館書店) ／『いいことってどんなこと』(神沢利子 さく、片山健 え、福音館書店) ／『はなをくんくん』(ルース・クラウス ぶん、マーク・シーモント え、きじまはじめ やく、福音館書店)

春を知らせる

『つくし』(甲斐信枝 さく、福音館書店)
『いちご』(平山和子 さく、福音館書店)

節分

『だいくとおにろく』(松居直 再話、赤羽末吉 え、福音館書店)
『かえるをのんだ ととさん』(日野十成 再話、斎藤隆夫 絵、福音館書店)

四季のめぐり

『もりのこびとたち』(エルサ・ベスコフ さく・え、おおつかゆうぞう やく、福音館書店) ／『ちいさいおうち』(バージニア・リー・バートン ぶん・え、いしいももこ やく、岩波書店) ／『蛙となれよ冷し瓜』(マシュー・ゴラブ 文、カズコ・G・ストーン 絵、脇明子 訳、岩波書店) ／『近世のこども歳時記』(宮田登 文、太田大八 絵、岩波書店)

著者紹介

湯澤美紀

広島大学大学院博士課程後期単位修得退学　博士（心理学）
京都大学・ダラム大学での日本学術振興会特別研究員を経て、
現ノートルダム清心女子大学准教授

大分県生まれ。別府の温泉で育ちました。

子どもの頃、ちょっとした好奇心から家族や友だちの間で騒動をまき起こすことがしばしばありましたが、その時のワクワク・ドキドキが、小さな子どもや発達心理学に対する関心にもつながってきているように思います。

最近，趣味で読書案内のインスタグラムを始めました。遊びにきてみてください。

https://www.instagram.com/miki_yuzawa_books/

専門：発達心理学・保育学
資格：臨床発達心理士 SV、特別支援教育士 SV、公認心理師
活動：岡山子どもの本の会事務局、岡山県読書活動推進会議委員長
主著：『子どもの育ちを支える絵本』脇明子編（岩波書店）、『子どもの発達と教育』湯澤正通編（協同出版）他

むすびにかえて

本づくりにあたって，脇明子さん，梶谷恵子さん，片平朋世さんといった「岡山子どもの本の会」のメンバーと，数えきれないほど議論を重ねてきました。絵本については，お三方の方が，私よりもはるかに大先輩で，今回の絵本選びは，みなさんにリードしていただきました。本の構想から想像以上の時間がかってしまいましたが，満足のいく絵本選びができたと思っています。また，脇さんには絵本の紹介文を各育ちのテーマを踏まえ書いていただき，私にとっては夢のような本づくりができました。ここに至るまでの道のりをともに歩んでくださった旅の仲間に，そして，応援の旗を振っていただき，時に道しるべを示してくださった柏書房の富澤凡子さんと二宮恵一さんに心より感謝いたします。

脇さんと梶谷さんには，私の子どもたちが幼い頃，絵本や児童書選びのアドバイスもしていただいてきましたが，当時を振り返ってみれば，そこには本の紹介だけではなく，子どもとの向きあい方や母親としてもう少し気楽に考えていいんだよといった子育てのヒントも添えられていたような気がしています。

子どももすっかり大きくなり，子育てに追われていた日々も懐かしく思い出されますが，あの時，確かに私が励まされたように，この本を通して，若いお母さんやこれからお母さんになっていく学生さんたちに，子どもの育ちについて明るい見通しを持っていただけたら嬉しいです。

絵本がある暮らしの中で，子どもも大人も
みんないっしょに「ぐんぐんぐん！」と育っていきましょうね。

絵本索引

子《こ》どもも大人《おとな》も絵本《えほん》で育《そだ》つ

2019年4月1日　第1刷発行

著　者　湯澤美紀

発行者　富澤凡子
発行所　柏書房株式会社
東京都文京区本郷 2-15-13（〒113-0033）
電話（03）3830-1891［営業］
（03）3830-1894［編集］

装丁・本文デザイン　テラマチノリコ
大学在学中に仲間内で始めたグラフィックデザイン活動がきっかけで業界の道へ。デザイナーとして様々な仕事を手掛けつつ、撮影のディレクション、イラスト、更にキャラクター制作まで活動範囲を広げる。
現在は子育てをしながらグラフィックデザイナー、イラストレーターとして鋭意活動中。更に趣味ではファンアート中心にイラストを描くのが大好きなオタク絵師。

印　刷　萩原印刷株式会社
製　本　株式会社ブックアート

ISBN978-4-7601-4932-2　C0037